JN188115

大学生のための国語表現

増田　泉
篠原京子　[著]

東洋館出版社

は じ め に　〜この本の使い方〜

　皆さんは今、大学で何を学んでいますか。または、何を学ぼうとしていますか。

　大学は、誰かが知っていることを単に教わる場ではなく、人が既に分かっている「知」の範囲を広げていく場です。「知」の境界線を広げていくのが大学の使命であり、それを「研究」という言葉で表します。大学での研究は教員だけが進めるのではなく、大学生もその一翼を担っています。つまり、大学は誰かが知っていることや答えを学ぶ場ではなく、自ら課題を見つけて解いていくことが求められる場なのです。この課題の解き方は多様なので、自分が発見したり理解したりしたことを人と伝え合い、新たな学びや研究につなげていくことが重要となります。

　そのために、自分の発見や理解を筋道立てて伝える表現の技術が必要です。皆さんが大学で学ぶためには、他の人が発信した内容を理解し、自分も人に発信できる力が必要になります。その力とは、これまで皆さんが積み重ねてきた国語表現力で、特に、論理的に思考し、表現する技術です。

　本書は、皆さんが大学で必要とする国語表現について述べたものです。書けない、表現できない、文章に悩むという人にぜひ読んでほしいと考えて書きました。皆さんが文章で説明したり、伝えたりする技術を向上させることができるように、基礎から応用まで分かりやすく説明しました。

　全体は次の四つの章で構成されています。
　第Ⅰ章「論理的思考を学ぼう！」では、文種の違いや具体と抽象などの論理の基礎を学びます。
　第Ⅱ章「基礎を大事に！」では、鉛筆の持ち方から始め、原稿用紙の使い方などの、文章を書くための基礎を確認します。
　第Ⅲ章「小論文を書こう！　一　基本の形」では400字の基本の小論文、「二　もっと小論文」では基本の形を応用したレポートや卒論の書き方について学びます。
　第Ⅳ章は「資料編」です。

　第Ⅰ章から順番に読むのが基本ですが、必要な内容だけを部分的に読んでも分かるように書いてあります。多くの練習問題があるので、それを使って演習形式で学習内容が確認できるようにもなっています。分からない問題は解答例を参照しながら解き進めていってください。一度目はできなかった練習問題も繰り返して行ううちにできるようになるので、何度もやってみてください。これまで皆さんが学んだ国語の学習とは違う楽しさがあり、確実に力がついていくことを実感できると思います。

国語表現の技術は一度では身につかないので、何度も繰り返して大学での学びに役立ててください。このテキストで学んだ国語表現の技術は、社会生活や他の科目で使って実践することによってさらに磨かれ、本当に自分のものとなっていきます。この技術は就職活動で使われる小論文や昇進試験などにも役立つので、卒業後もこの本を手元に置いて使ってほしいと思います。

　皆さんの大学生活が、学びの多い充実したものになるように、心から祈ります。

平成 31 年 4 月

増田　泉、篠原京子

もくじ

大学生のための国語表現

第1章 論理的思考を学ぼう！

第II章　基礎を大事に！

第III章　小論文を書こう！

一　基本の形

二　もっと小論文

第Ⅳ章　資料編

論理的思考を学ぼう！

1

論理の基礎とは？

|POINT| **論理的思考は、日常生活を支える身近なものです。**

1 ≫ 身の回りの情報を整理する

　私たちは常に、論理的思考を用いて日常生活に必要な情報を整理しています。大きさや速さなどの順番や上下左右などの位置関係、時間の順序や作業の手順などは、論理の基礎といえます。

（練習1）**一番背が高いのは誰ですか。名前を書きましょう。**

①　太郎君は、ひろし君より背が高いです。

　　あきら君は、太郎君より背が高いです。　　　　　　　答え（　　　　　　　）

②　背の低い順に前から並ぶと、鈴木さんは前から6番目です。

　　山田さんは、鈴木さんの3つ前に並んでいます。

　　佐藤さんは、山田さんの6つ後ろに並んでいます。

　　井上さんは、鈴木さんの2つ後ろに並んでいます。　　答え（　　　　　　　）

（練習2）**順序を考えましょう。**

①　車が4台走っています。走っている車を前から順に書きましょう。

　　バスは、トラックのすぐ前です。

　　パトカーは、バスと救急車の間です。

　　　　　　答え（　　　　）→（　　　　）→（　　　　）→（　　　　）

②　公園の周りに家が建っています。誰の家か書きましょう。

　　あつし「ぼくの家は、ゆみこさんの家の隣です。」

　　ゆうじ「ぼくの家の右どなりは、かずえさんの家です。」

　　かずえ「私の家は、ゆみこさんの家の隣ではありません。」

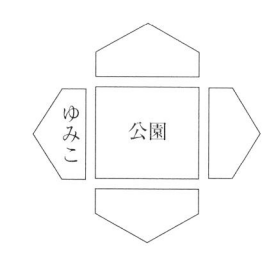

2 ≫ 日常生活を支える論理的思考

論理的思考は、私たちが日常生活をスムーズに送るために役立っています。

> 　一郎君と花子さんが公園で遊んでいます。ジャンケンで勝った方が先に滑り台に乗ることにしました。一郎君はグーを出しました。花子さんはパーを出しました。先に滑り台に乗るのは、（　　　　　　）です。

ジャンケンでは「パーはグーに勝つ」というルールが共通の認識となっています。公園でどちらが先に滑り台に乗るかを話し合いで決めるのは大変です。話し合いからけんかになってしまうかもしれないし、なかなか決まらなくてせっかくの遊ぶ時間がなくなってしまうかもしれません。共通のルールを取り入れたジャンケンは、簡単に物事を決めるためにとても便利です。このように、論理的思考は、円滑な日常生活を送ることに役立ちます。

（練習3）次の文を読んで問題に答えましょう。

　クラス40人でくじ引きをします。赤が出たらりんご、青はみかん、黄はりんごとみかんの両方がもらえます。白ははずれで何ももらえません。全員が1回ずつくじを引きました。その結果、りんごを持っている人は23人、みかんを持っている人は15人、何も持っていない人は7人でした。

　りんごとみかんの両方を持っている人は何人でしょう。　　　答え（　　　　　　　）

（練習4）情報を整理して答えましょう。

　Aさん、Bさん、Cさんの3人の会話です。

---

①　Aさん「私はカギをなくしていません。」

②　Bさん「カギをなくしたのはAさんです。」

③　Cさん「Bさんがカギをなくしました。」

　嘘をついているのは、カギをなくした本人だけです。

　カギをなくしたのは、この中の1人だけです。

　カギをなくしたのは誰でしょう。

答え（　　　　　　　）

（練習5）ネコと人間の共通点と相違点を、三つずつ箇条書きで書きましょう。

〈共通点〉　　　　　　　　　　　　〈相違点〉

①　　　　　　　　　　　　　　　　①

②　　　　　　　　　　　　　　　　②

③　　　　　　　　　　　　　　　　③

2

論理的文章と文学的文章は違う

1 ≫ 論理的文章と文学的文章の違い

比較すると違いに気づきます。読み方や書き方も違います。

	（　　　　）的文章	（　　　　　）的文章
目的	正確な情報の伝達	他の人生に学ぶ 楽しむために読む
形式・構成	論理的な形式 「はじめ・なか・まとめ・むすび」など	自由 小説・物語では「はじめ・なか・おわり」
順序	論理的順序	時間的順序
言葉	論理の言葉（定義が厳格）	文学の言葉（イメージが大切）
文体	構成・段落・キーワードを重視して書く 主述が明確に記述される	語り・会話・描写で書かれる 主語などの省略が多い 比喩・倒置などの技法が多用される
読み方	正確に読む	楽しく豊かに読む
書き方	だれもが書ける必要がある	書きたい人が自由に書けばよい

（練習1）（　）に「論理」か「文学」を入れましょう。

（練習2）論理的文章にはA、文学的文章にはBを書きましょう。

①　末梢関節に硬直が始まりかけているから死後12時間から13時間というところだ。よく見ると、首に索条痕の他に吉川線。いくつもの線が交錯しているのは苦しさの現れだ。これは首を絞められた際、抵抗してひっかいた傷に間違いない。他殺の線が濃厚だ。事件当日午後4時に大学を出たという目撃情報によれば、被害者が、死亡推定時刻にここにいるのは不可能だ。とすれば誰が運んだ？	
②　死の直後、生物の弛緩した筋肉が一定時間後に硬く短縮し、関節の他動的屈曲が困難になる現象を「死後硬直」という。硬直の進み方は死体が置かれた環境や温度の影響を受けて変化するが、内臓、顎や首から硬直が始まる。肩関節、肘関節、手関節及び股関節、膝関節、足関節といった大関節に続き、手足の末梢関節などに硬直が及び全身が硬直するのは死後12時間ほどである。	

2 ≫論理的文章と文学的文章の読み方・書き方の基本

	論理的文章	文学的文章
読み方	1　すらすら音読 2　文章構成をつかむ 3　キーワードの確認 　※感想・主張と、具体例の整合性を確認する 4　学習のまとめ　例）①要約文を書く 　　　　　　　　　　②感想文を書く	1　すらすら音読 2　あらすじの確認（場面の名づけ） 3　登場人物の確認 4　主人公の人物像の変化 5　描写の発見 6　感想　例）①口頭発表 　　　　　　　②感想文を書く
書き方	1　キーワード表を作る 2　一次原稿を書く 3　二次原稿を書く	自由に書く

練習3　上の表の読み方にそって、次の論理的文章を読みましょう。

むすび	まとめ	なか2	なか1	はじめ
言葉はその土地の文化遺産				方言

　　言葉は文化遺産

　旅先の駅で土地の方言を聞いて、石川啄木の短歌「ふるさとの訛なつかし……」を思い出す人も多いだろう。

　津軽では「どさ」「ゆさ」で話が通じるという。「どこへ行くの？」「お風呂へ」という意味だ。一説には、寒いので口を開けなくても通じるように、言葉が発達しているそうだ。

　茨城でよく知られるのは、語尾に「だっぺ」をつける言い方だ。「今年は米が豊作だっぺ（だろう）」「んだっぺ（うん）」となる。昔、京都地方を中心に使われていた「にてあるべし」が東日本に伝わる際に、「だるべい」「だんべい」「だっぺ」と変化した名残だともいわれる。

　日本各地の方言には、その言葉が成立した背景がある。言葉はその土地の文化遺産だと言える。

1　音読しましょう。（すらすら音読）

2　「はじめ（あらまし）・なか（例）・まとめ（考察）・むすび（主張）」に区切りましょう。

3　段落のキーワード（※26頁に説明）を表に書きましょう。

3

論理的文章　基本の4種類

1 ≫ 多過ぎる種類、どうする？

　論理的文章は、説明文・記録文・報告文・意見文・論説・評論・批評文などのさまざまな種類に分類されていますが、読んだり書いたりするには以下の4種類に分けて考えると便利です。

① 記録

　ことがらを時間通りに書いた文章。日記・観察記録・実験記録等。主に、報告や論説を書くための情報を収集したり、その消失を防ぐために書き留めたりすることを目的にした文章。

　（例文）

　5月6日、オクラのたねをまいた。40cm くらいはなして、一つずつまいた。5月20日、子葉が開いた。子葉は2まいで、みどり色をしていた。6月20日、葉が4まいになった。草たけは 10cm だった。9月10日、黄色い花がさいた。早くできた実は、茶色になった。草たけは90cm だった。実の長さは 20cm だった。

（事例1）

　5月6日、ホウセンカのたねをまいた。15cm くらいはなして、三つずつまいた。6月20日、葉がたくさん出てきた。草たけは 15cm だった。7月15日、ピンクの花がたくさんさいた。花のあとには、実ができていた。9月10日、実が黄色くなった。草たけは 60cm だった。実の長さは2cm だった。

（事例2）

---

② 説明

　一つの事実や現象について、その構造、役割、性質、性能等を分かりやすく書いた文章。情報そのものの伝達を目的とした文章。

　（例文）アドレナリン

　副腎の髄質から分泌されるホルモンの一つ。交感神経が刺激されると分泌され、体を興奮した状態にする。心臓の動きが速くなったり、血圧が上がったりする。また、血液中の糖の量を増加させるはたらきもする。緊張したときに心臓がドキドキするのは、アドレナリンのはたらきによるものである。1901（明治34）年に、化学者の高峰譲吉が、結晶を作ることに成功した。

※『小学百科大事典　きっずジャポニカ　新版』（2013）小学館、p.37

---

③　報告

　複数の事実や現象から分かる新しいことがらの発見を書いた文章。自然科学分野の論理的文章はすべて、主観による主張を述べない報告である。複数の情報をもとに導き出した考察の伝達を目的とした文章。

> 　　（例文）植物の生長
> 　理科の学習で、植物の生長について調べた。　　　　　　　　　　（はじめ）
> 　５月６日、オクラのたねをまいた。40cm くらいはなして、一つずつまいた。５月 20 日、子葉が開いた。子葉は２まいで、みどり色をしていた。6 月 20 日、葉が４まいになった。草たけは 10cm だった。9 月 10 日、黄色い花がさいた。早くできた実は、茶色になった。草たけは 90cm だった。実の長さは 20cm だった。
> 　　　　　　　　　　　　　　　　　　　　　　　　　　　　　　　（事例１）
> 　５月６日、ホウセンカのたねをまいた。15cm くらいはなして、三つずつまいた。6 月 20 日、葉がたくさん出てきた。草たけは 15cm だった。7 月 15 日、ピンクの花がたくさんさいた。花のあとには、実ができていた。9 月 10 日、実が黄色くなった。草たけは 60cm だった。実の長さは２cm だった。　　　　　（事例２）
> 　オクラもホウセンカも、生長すると葉が出て、花が咲き、実ができることが分かった。　　　　　　　　　　　　　　　　　　　　　　　　　　　　　　　　（まとめ）

④　論説

　記録・報告をもとにして、最後に「主張」を述べた文章。経済学、教育学、社会学、新聞社説等の社会科学分野における論理的文章。一つまたは複数の考察から導き出した主張の伝達を目的とした文章。

> 　　（例文）地球温暖化の原因
> 　近年、二酸化炭素等の増加により、地球温暖化が進んでいる。　　（はじめ）
> 　二酸化炭素増加の原因の一つは、化石燃料の大量消費である。イギリスの産業革命以降、化石燃料消費による二酸化炭素の年間排出量は、1955 年から 2005 年の 50 年間に、地球全体で約３倍に増加した。日本は１年間に約 12 億トン（2004 年）排出し、アメリカ、中国、旧ソ連につぐ世界第４位である。　　　　　　　（事例１）
> 　二酸化炭素増加のもう一つの原因は、森林の消失である。植物は光合成によって大気中の二酸化炭素を吸収する。しかし、先進国による商業的な焼き畑等のために、熱帯雨林は毎年少なくとも 1100 万 ha が消失している。これは日本の本州の半分にあたる。ヨーロッパでは酸性雨で年間 3100ha の森林が消失している。過去 10 年間で世界の森林の 10 ％が減少している。　　　　　　　　　　　　　　　　　（事例２）
> 　このように、地球温暖化は人類の営みが原因なのである。　　　　（まとめ）
> 　地球の環境を守るために、自分にできる努力をすべきである。　　（むすび）

4

論理の言葉と文学の言葉を区別しよう

|POINT| 論理的文章と文学的文章では、使われる言葉にも違いがあります。

1» 法律や医学の知識がなくても、刑事ドラマや医学ドラマはよく分かる！

テレビの刑事ドラマや医師が登場するドラマは人気があります。ドラマを見ていると、聞いたことのない法律や薬の名前が出てきますが、内容に集中して見ることができます。また、文学作品にも医学や工学の用語が使われることもありますが、使われている専門用語が分からなくてもその小説のストーリーへの興味が失われることはありません。なぜでしょう。

これらの言葉は、それらしい雰囲気を出すために使われるだけで、単語の多くが日常語だからです。それらの専門用語は、前後の文脈から内容を判断することができるのです。

これが、文学的文章で使われる言葉を考えるヒントになります。

文学的文章では、四角で囲んだ専門用語が分からないとしても、日常語で書かれている下線部を読んだり聞いたりすると、内容を理解することができます。

〈刑事ドラマ〉 　　|末梢関節|に硬直が始まりかけてるから、死後 12 時間から 13 時間というところね。

〈医学ドラマ〉 　　|肺動脈主幹部|から左肺動脈に|塞栓|が認められ外科的治療が最適と考えます。さほど難しい手術ではありません。

2» 文学的文章の言葉はイメージを表す

文学的文章では、人によって表現の仕方や感じ方が違う言葉を使います。

与謝野晶子の短歌「金色のちひさき鳥の形して銀杏散るなり夕日のおかに」では、「銀杏」を「金色の小さな鳥の形」でなく、「黄金に映るハートの形」や「オレンジの花ひとひらの形」と表現してもよいでしょうが、与謝野晶子は「鳥」と、表現しています。詩や短歌には比喩や擬人法など多くの表現技法が用いられ、同じものを見たり聞いたりしても人によって感じ方が違い、表現の仕方も異なります。

また、この短歌では「夕日のおかに」が最後になり、文としては語順が入れ替わっています。体言止めも文学的文章では用いますが、論理的文章では普通は用いられません。

(練習 1) 次の一行詩を読むと、情景がイメージとして浮かんできます。この詩に表現されているのは、次のどちらでしょう。

　　　ア　夏の砂浜が多くの人で賑わっている様子

　　　イ　人気のない荒れた海沿いの街の様子

> 海
>
> 北川　冬彦
>
> さびしい街の洋館のガラス窓がみんな破れてゐた。
>
> （中央公論社『日本の詩歌 25　第七版』1974）

3 ≫ 論理の言葉は定義を厳格に

文学的文章と違い、論理的文章で使われるのは論理の言葉です。

> 効能）花粉、ハウスダストなどによる次のような花のアレルギー症状の緩和。
>
> 　　　くしゃみ、鼻みず、鼻づまり
>
> 用法）成人（15 才以上）、1 回 1 錠、1 日 2 回朝夕に服用してください。

　これを読んで、胃の調子が悪いときに飲んだり、一度に何錠飲むのか迷ったりする人はいないはずです。論理の言葉はある概念をはっきりと提示し、だれにでも物事を正確に伝える言葉だからです。薬の飲み方の説明書や電化製品の取扱説明書を読むと、だれが読んでも間違いなく薬を飲むことができ、だれにでも電化製品の使い方の手順が分かって正しく使うことができるように書かれています。論理の言葉は他にも、法律、契約書、研究論文、仕事の報告書などに使われています。また、数字や色が具体的に書かれていて正しい使い方が理解できる言葉であり、定義が厳格です。

　論理的文章を読むときにも書くときにも意識して使いましょう。

（練習 2）次のどちらが論理の言葉でしょう。

① 　ア　夜がしらじらと明け行く時刻　　　イ　午前五時

② 　ア　昨日の最高気温は 28.4 度　　　　　イ　じっとしていても汗ばむ気温

4 ≫ 論理の言葉はシンプルにつなぐ

　論理的文章では、内容を正確に伝えるために、文中の語句が後のどの語句を修飾しているのかを明確にし、多様な解釈が生じないようにすることも重要です。そのために次の点に留意しましょう。

> 1　一文を短くする。
>
> 2　主語と述語が正しく結びつくようにする。
>
> 3　一文に一つの情報だけを入れる。
>
> 4　難解な言葉でなく、分かりやすい言葉を使う。
>
> 5　読点は意味の区切れ目にうつ。

5

言葉の名付け〜バイアスワードに注意〜

1 ≫ 名付けは判断である

> 生活するのに必要なものをつくったり使ったり、また、売り買いしたりする金銭上の
> はたらきやしくみ

これはいったい何を表しているのでしょう。一言で表現すると（　　　）です。

このように、複雑な状態を一語で言い表すことを「名付け」といいます。明治維新で外国から入ってきた新しい概念に、西 周 や福澤諭吉らがたくさんの名付けを行ったことは、その後の日本の発展に大きく役立ったといわれています。

人間が物事を考える時には、まず現象を言葉に置き換え、その言葉を使って思考します。正確な名付けは正確な思考につながります。日常の出来事に「まあまあ」「べつに」などのおおざっぱな名付けばかりしていると、ぼんやりした思考しかできなくなります。

（練習1）上の文章の空欄に合う漢熟語を書きましょう。　　　　　　（　　　　　　）

（練習2）次の定義を述べた語句を一語で表してみましょう。
① くるぶしの上の細くなっている部分　　　　　　　　　　（　　　　　　）
② すねとももの間の関接部のおもて側　　　　　　　　　　（　　　　　　）
③ 南を向いたときに東にあたる方　　　　　　　　　　　　（　　　　　　）
④ 人間が集団として生きていくために必要な、権力・支配・政策・自治などの活動の全体　　　　　　　　　　　　　　　　　　　　　　　　　（　　　　　　）

2 ≫ 「定義」のずれから誤解が生じる

言葉の使い方には、使う人や状況によってずれが生じる場合があります。

> A 「となりの太郎君は本当に親孝行ね。大好きな車関係の大企業に就職が決まった
> のに、病気のお母さんを看病するために故郷に戻ってきたのよ。えらいわね。」
> B 「そうは思わないな。希望していた会社への就職をやめて故郷に戻ってきて親に
> 心配をかけるなんて、むしろ親不孝だよ。」

上の会話で、Aさんの「親孝行」の定義は「親のために自分を犠牲にする行為」を意味しています。一方、Bさんの定義は「自己実現を果たして親の期待に応える行為」を意味しています。この二人がこのままの議論を続けても平行線をたどるだけです。

論理的に話し合うためには、お互いの言葉の定義にずれがないかどうか、確かめる必要があります。

（練習3）下線部の言葉が、否定的な意味で使われているのはどちらでしょう。

A　現代社会では、<u>頑固</u>な父親が減ってきて家庭のしつけが難しくなった。

B　<u>頑固</u>な上司に新企画を全面的に否定されて、今後の進め方が難しくなった。

3 >> 判断基準で「名付け」は変わる

太郎君のある1週間の家庭学習時間は、次の通りでした。

> 月 2時間、火 2時間、水 1時間、木 4時間、金 2時間、土 3時間、日 3時間

太郎君の自己評価は「自分にしてはよく勉強した週だ」というものでした。

もし現在のあなたの家庭学習時間だったら、どのように自己評価しますか。

（　　　　　　　　　　　　　　　　　　）

これが一般の小学生の場合だったら、「多い学習量」といえるのではないでしょうか。定期テスト前の中学生なら「一般的な学習量」と答える人が多いかもしれません。一方、大学受験を目前にした高校生なら「少ない学習量」と反省するかもしれません。

このように、同じ数値でも、それをどう名付けるかには、状況に応じた個人の判断が作用します。判断の割合が多い名付けを「バイアスワード」といいます。

（練習4）好意的に思っている人の言葉はどちらでしょう。

A　たけし君は活動的だ。

B　たけし君は落ち着きがない。

4 >> 観点を決めて情報を伝える

論理的な思考を妨げる代表的な言葉として、「まあまあ」があります。

> 母親　「今日の学校はどうだった？」
>
> 息子　「うん、筆入れを忘れた。でも国語のテストは100点だった。休み時間には転んで足をすりむいちゃった。けんかしていた健太君とは仲直りして日曜日に遊ぶことにした。宿題はいっぱい出た。」
>
> 母親　「へえ。つまり、今日の学校は楽しかったの？」
>
> 息子　「うん、まあまあってとこかな。」

結局、息子にとって今日の学校生活はどうだったのか、はっきりしません。日常会話では、このような情報の交換だけでも価値がありますが、仕事や学問等の公的な会話では「何が言いたいのか分からない」困った会話になります。

6

具体と抽象の関係

|POINT| 論理的思考には具体と抽象の関係が重要です。

1 ≫ 具体とは何か

文章には、詳しさを表す言葉があります。

> 1　彼は、先週、家族で、<u>乗り物</u>に乗った。
> 2　彼は、先週、家族で、<u>電車</u>に乗った。
> 3　彼は、先週、家族で、<u>のぞみ</u>に乗った。

1の「乗り物」だけでは、飛行機なのか車なのか電車なのか範囲が大き過ぎてイメージを描くことができません。

2の「電車」だと、1よりは様子が詳しく分かります。この場合、「『乗り物』より『電車』のほうが具体的である」といいます。

3の「のぞみ」なら東海道新幹線の区間を走ったことが分かり、さらに様子が詳しく分かります。つまり「『のぞみ』は『電車』よりも具体的である」といいます。

（練習1）**次の三つの言葉を比べたとき、最も具体的な言葉はどれでしょう。**

① 　主食　　　パン　　　　　　クロワッサン
② 　マグロ　　動物　　　　　　魚
③ 　チーズ　　カマンベール　　乳製品
④ 　車　　　　乗用車　　　　　フェアレディ Z
⑤ 　桜　　　　ソメイヨシノ　　植物

2 ≫ 抽象とは何か

文章には、まとまりを表す言葉があります。

> 1　彼女は、今日、スーパーマーケットで、<u>りんご</u>を買った。
> 2　彼女は、今日、スーパーマーケットで、<u>果物</u>を買った。
> 3　彼女は、今日、スーパーマーケットで、<u>食べ物</u>を買った。

1の「りんご」は、様子が詳しく分かる言葉なのに対して、「果物」は、大きなまとまりを表す言葉です。この場合、「『りんご』より『果物』の方が抽象的である」といいます。

3の「食べ物」は、2の「果物」より、さらに大きなまとまりを表す言葉です。だから、「『果物』より『食べ物』の方が抽象的である」といいます。

練習2 次の三つの言葉を比べたとき、最も抽象的な言葉はどれでしょう。

① 野菜　　　ニンジン　　　食べ物

② 大福　　　菓子　　　和菓子

③ 文房具　　筆記用具　　　サインペン

④ 植物　　　生物　　　バラ

⑤ 油絵　　　絵画　　　芸術作品

3 ≫ 具体的か抽象的かは相対的に決まる

　具体的か抽象的かは、語句を比べることで相対的に決まります。単独で判断することはできません。

抽象的 ➡ 具体的		
1	スポーツ ——— 球技 ——— サッカー
2	文学作品 ——— 小説 ——— 坊っちゃん
3	昆虫 ——— セミ ——— ツクツクボウシ

練習3 次の語句を含む、具体と抽象の階段を三段つくりましょう。

　　　例　　靴

　　　答　（　　履物　　→　　靴　　→　　運動靴　）

① ケーキ

　　答　（　　　　　　　　　　　　　　　　　　　　　　　）

② 遊び

　　答　（　　　　　　　　　　　　　　　　　　　　　　　）

③ トンボ

　　答　（　　　　　　　　　　　　　　　　　　　　　　　）

4 ≫ 具体と抽象の階段（抽象のはしご）

　次の図では、左にいくほど抽象的であり、右にいくほど具体的になっています。

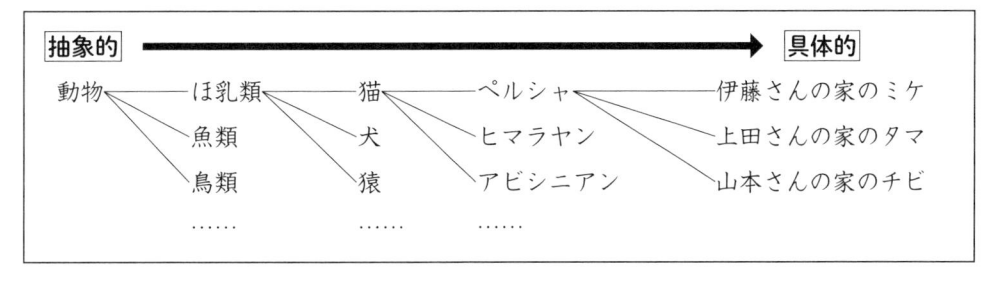

　ものの名前には、このように具体と抽象の階段が何段階もあります。

練習4 具体と抽象の言葉の階段を作ってみましょう。（目標は5段階）

7

文の構造(1)〜主語・述語〜

|POINT| 論理的文章では、主語と述語は省略しません。

1 ≫ 主語・述語とは

> むかし、赤ずきんという女の子が いました。ある日、お母さんは、赤ずきんにおつかいを頼みました。おばあちゃんの家へ向かう森の中で、オオカミが あらわれました。

　上の文章の＿＿＿＿＿＿＿は、「だれが」を表しています。この「だれが」「何が」を表す部分を、「主語」と言います。

　上の文章の＿＿＿＿＿＿＿は、「何をした」を表しています。この「何をした」「何だ」を表す部分を「述語」と言います。

2 ≫ 主語と述語の組み合わせ

主語と述語の組み合わせには、次の4種類があります。

①	何が（は）何だ。	例	彼は	会社員だ。
②	何が（は）どうする。	例	車が	走る。
③	何が（は）どんなだ。	例	母は	忙しい。
④	何が（は）いる（ある）。	例	友達が	いる。

（練習1）A「何が……何だ」、B「何が……どうする」、C「何が……どんなだ」、D「何が……いる」にあたる一文をつくりましょう。

A （　　　　　　　　　　　　　　　　　　　　　　　　　）
B （　　　　　　　　　　　　　　　　　　　　　　　　　）
C （　　　　　　　　　　　　　　　　　　　　　　　　　）
D （　　　　　　　　　　　　　　　　　　　　　　　　　）

（練習2）次の文章から、主語と述語を書き出しましょう。

① 佐藤さんは、今日家にいますか。

主語（　　　　　　　　　）　述語（　　　　　　　　　）

② 来年は、オリンピックが日本で開かれる。

主語（　　　　　　　　　）　述語（　　　　　　　　　）

③ 本を読むのは、何よりも楽しい娯楽だ。

主語（　　　　　　　　　）　述語（　　　　　　　　　）

④ ライオンが、逃げるシマウマを追いかける。

　　　　　　　　　　主語（　　　　　　　　　　）　述語（　　　　　　　　　　）

3 ≫ 主語を包み込む述語

　主語と述語は、算数の「＝」で結ばれる関係ではありません。だから、主語と述語を入れ替えると文は意味をなさなくなります。

---

① ○高橋さんは、<u>高校生である。</u>　　→　　×高校生は、高橋さんである。

② ○<u>ハワイは</u>、<u>アメリカである。</u>　　→　　×アメリカは、ハワイである。

③ ○<u>イチローは</u>、<u>大リーガーである。</u>→　　×大リーガーは、イチローである。

　主語と述語の関係は対等ではなく、主語は述語に含まれる関係です。つまり、主語より述語の範囲の方が広いということです。主語は具体的な内容を示し、述語はそれを包み込む、さらに大きな概念を表しています。主語は述語によって、社会的な意味を示されるのです。

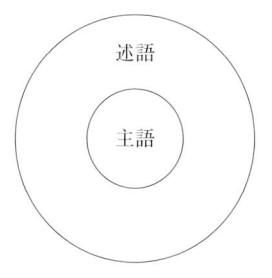

述語

主語

（練習3） 次の二つ一組の文のうち、主語と述語が正しく使われている文に○をつけましょう。

① ア　東京は日本である。

　　イ　日本は東京である。

② ア　娯楽施設はディズニーランドである。

　　イ　ディズニーランドは娯楽施設である。

③ ア　富士山は世界自然遺産である。

　　イ　世界自然遺産は富士山である。

4 ≫ 主語と述語のチェックポイント

① 論理的文章では、「主語」と「述語」は必ず書きます。書かないと文章の意味が分からなくなります。

② 主語と述語は、とても離れているときがあります。

　　例　今後の<u>社会</u>は、国家を代表する政治家や保育や教育という職業に携わる一部の人間ではなく、国民一人ひとりの手に<u>託されている。</u>

③ 一つの主語に対して、述語は二つあることもあります。

　　例　すべて<u>国民</u>は、法の下に<u>平等であって、</u>人種、信条、性別、社会的身分、社会的関係において、<u>差別されない。</u>

8

文の構造(2)〜修飾語・接続語〜

> |POINT| 論理的文章では、修飾語と接続語に注意すると分かりやすくなります。

1 » 修飾語と被修飾語はなるべく近くに

論理的文章は分かりやすく書くことが重要です。さらにいえば、だれがどう読んでも誤解できないように書く努力が必要です。情報を正確に伝えるためには、修飾語（修飾する言葉）と被修飾語（修飾される言葉）をできるだけ近くに置くようにします。

> 1　大きい城の入り口
>
> 2　美しい草原の娘

1では、「大きい」のが「城」なのか「入り口」なのか分かりません。「入り口」が大きいといいたい場合は、「城の大きい入り口」のように、「入り口」の直前に「大きい」を置くと意味が明確になります。

2でも同様に、「娘」の直前に「美しい」をもってきて、「草原の美しい娘」とすれば、意味が明確になります。

このように修飾語と被修飾語はできるだけ直結します。

さらに、修飾語を述語にすると、両者の関係がいっそう明確になります。

> 1　大きい城の入り口　　→　　城の入り口は大きい。
>
> 2　美しい草原の娘　　→　　草原の娘は美しい。

論理的文章では、体言止め（名詞で止める書き方）は使わず、主語と述語のある文で書くように、といわれる所以です。

(練習1) 次の修飾語と被修飾語の文を、例にならって＿＿の言葉を主語にした文に直して、分かりやすく書き換えましょう。

例　すてきな女優の<u>ドレス</u>　→　（　女優のドレスはすてきだ。　　　　　　　　　　）

①　難しい子どもの<u>しつけ</u>　→　（　　　　　　　　　　　　　　　　　　　　　　）

②　不思議な男の<u>話</u>　→　（　　　　　　　　　　　　　　　　　　　　　　　　　）

③　変な問題の<u>解き方</u>　→　（　　　　　　　　　　　　　　　　　　　　　　　　）

④　魅力的な先輩の<u>体験談</u>　→　（　　　　　　　　　　　　　　　　　　　　　　）

⑤　危険な都会の<u>ひとり暮らし</u>　→　（　　　　　　　　　　　　　　　　　　　　）

2 » 接続語は書き手の決断を示す

接続語は「つなぎ言葉」ともいわれ、一般的には「文や文節をつないで、その関係を示す文節」と説明されます。これだけを読むと、両者の関係を分かりやすく示すための客観的な役割をもつ言葉のように感じます。しかし、それだけではありません。接続語は、書き手の決断という主観的な役割をもつことも多いのです。

次の二つを比べてみましょう。

A　私は昨日夜遅くまで勉強した。だから、数学のテストで80点だった。

B　私は昨日夜遅くまで勉強した。しかし、数学のテストで80点だった。

数学を得意としている人は、AとBのどちらですか。答えは（　　　　）です。「80点」を「よい点」ととらえるか、「悪い点」ととらえるかによって、選ぶ接続語が違ってきます。

このように、接続語には「関係を示す」以外に、一つの立場を選ぶという書き手の決断が示されることになります。そのため、接続語を多用した文章は、自分の意見に読み手を強引に誘導し、読み手の正しい判断の邪魔をすることがあります。書き手自身が分かりにくい文章だと不安に感じていると、やたらに接続語で補強してしまいます。接続語を使わなくてもすんなり意味が分かる理路整然とした文章を目指しましょう。接続語は、一つの意味段落の中に多くても1か所程度が適切です。

（練習2）どちらの書き手の感想ですか。AまたはBの記号を書きなさい。

　　　　　① 悔しい（　　　　）　　　　② うれしい（　　　　）

A　部活以外でも、テニスの自主練に励んだ。そして、大会で準優勝だった。

B　部活以外でも、テニスの自主練に励んだ。しかし、大会で準優勝だった。

（練習3）アとイの「……」には、AとBのうちどちらの文が入りますか。記号を書きましょう。

① ア　昨日は僕の誕生日だった。だから、……　（　　　　）

　 イ　昨日は僕の誕生日だった。しかし、……　（　　　　）

　　　A　風邪で熱を出して寝込んでいた。

　　　B　プレゼントをたくさんもらった。

② ア　彼は、学習にも係活動にも熱心だ。そこで、　……　（　　　　）

　 イ　彼は、学習にも係活動にも熱心だ。それなのに、……　（　　　　）

　　　A　生徒会長に推薦された。

　　　B　叱られてばかりいる。

9

段落を意識する

| POINT | 論理的文章では、意味のまとまりごとに改行します。（一段落一事項）

1 》レポートや論文の言葉（書き言葉）

次の文章は、椋鳩十の「父とシジュウカラ」という物語の一部分です。

> 　庭のすみに、大きなエノキがありました。
> 　その日は、冬にはめずらしく、あたたかい日でした。
> 　きのう、ふったばかりの雪に、金色の太陽がからみついて、ポットン、ポットン、雪どけのつゆが、木々のえだからおちていました。

　この文章は、三つの文がすべて改行されていて、初めの1マスが空いています。このように、物語や小説のような文学的文章では、イメージのまとまりごとに、筆者の自由な発想で改行して段落をつくります。

　次の文章は、「伝承物語」について論じた論理的文章の一部分です。

> 　伝承物語は、文学や公教育のない時代から長い間、民衆によって語り伝えられてきた。耳から耳へと語り伝えられたことによって、無駄な言葉は消え、大切な言葉だけが残った。その簡潔な「語り」で進められる伝承物語を聞くことは、子どもの論理的思考力を高めることに役立つ。また、伝承物語は、人々の知恵や勇気を中心に展開し、人生を賢くたくましく生きる力を養うことにも役立つ。

　この文章は、一つの段落でできています。この段落のキーワードは「伝承物語」で、段落全部がその話題でまとめられています。論理的文章では、相手に情報を正確に分かりやすく伝えるために、意味のまとまりごとに改行し、一つの段落には一つの事柄を書くことになっています。それを「一段落一事項」といいます。

　このように、文学的文章と論理的文章では段落の役割が全く違うのです。

（練習1）次の三段落の文章を意味のまとまりごとにまとめて、二つの段落の文章にしましょう。また、それぞれの段落のキーワードを見つけましょう。

> 　11年続いた応仁の乱の後、各地では争いが続いた。山城（京都府）南部では、守護大名畠山氏の軍が二派に分かれて戦いを始め、農民を苦しめたため、地侍と農民が手を組んで両方の軍を追い出した。
> 　その後、地侍を中心として国の決まりを作り、守護による支配を排除して8年間にわたる自治を行った。これを山城国一揆という。

また、近畿・北陸・東海地方では、一向宗が急速に広まった。信仰によって結びつきを強めた地侍と農民たちは、ともに一揆を起こした。これを一向一揆という。加賀では、守護大名を倒して約100年間の自治を続けた。

練習2 次の一段落の文章を一か所区切り、二段落の文章にしましょう。また、それぞれの段落のキーワードを見つけましょう。

　　フナやカエル、トカゲは、まわりの温度が変化すると体温も変化する。このような動物を変温動物という。変温動物は、体内で熱を生み出すしくみが発達していない。カエルやヘビには、冬に気温が下がると活動をほぼ停止して冬眠するものが多い。ハトやネコは、まわりの温度が変化しても体温はほぼ一定に保たれる。このような動物を恒温動物という。恒温動物は、体内で熱を生み出すしくみが発達している。ハトの羽毛やネコの毛は、体温を保つことにも役立っている。

『自然の探究　中学校理科2』（2016）教育出版

2 » 会話文を改行しない

論理的文章では、会話文を改行しません。段落のまとまりを明確にするためです。

〈論理的文章の場合〉

　　子どもの言葉の発達には、身近な人々からの語りかけが大きく影響する。大人が毎朝「おはよう。」と笑顔で話しかけることによって、朝のあいさつが定着する。

〈文学的文章の場合〉

　　朝起きて台所に行くと母が立っていた。
「おはよう。」
と、笑顔で私に話しかけてくれた。

3 » 段落の発生は意外に最近、明治時代

　　日本では、平安時代以降長い間、言葉を次々につないだ句読点も段落もない文章が書かれてきました。その後、日本で句読点がつけられるようになったのは明治時代で、句読点の置き方についてはじめて公的に示されたのは、明治39年（1906年）の文部省大臣官房図書課の「句読法案（句読点法案）」です。

　　また、段落の発生については、明治時代以降、西洋の文体に学んだ人々によって、意味のまとまりごとに文章を改行する形式が新聞の社説等を中心に広まっていったことが知られています。これが日本における段落の始まりといわれています。西欧への留学経験のある森鷗外や夏目漱石らの文学者も、段落を作って論説を書きました。

10

文章構成とキーワード

1 ≫ 基本の文章構成

論理的文章では、客観的事実を根拠として示し、それを踏まえて自分の考察や主張を述べます。このように論理的思考を進めたり、その考えを読み手に分かりやすく伝えたりするためには、次の文章構成がとても便利です。

構成	文例	キーワード	役割
はじめ	おまつりに行った。	おまつり	あらまし
なか1	おめんを買った。	おめん	事例1
なか2	やきそばを食べた。	やきそば	事例2
まとめ	楽しかった。	楽しかった	考察
むすび	また行きたい。	また行きたい	主張

2 ≫ 1段落1キーワード

論理的文章の段落には、それぞれの役割があります。さらに、各段落には、その段落の内容を明確に表すキーワードが必要です。「なか」は単語一つ、「まとめ」(考察)や「むすび」(主張)はできるだけ短いキーワードを意識して書きましょう。

(練習1) 次の文章の各段落のキーワードを書きましょう。

> 　　　美化委員会の活動
> 　私は、今年、美化委員会に入った。　　　　　　　　　　　　　　　　　①
> 　一つ目の活動は、花だんの手入れである。4月にはサルビア、メランポジウム、マリーゴールド、ペチュニアなど4種類の草花の種をまいた。三人一組で花だんの水かけをした。私は水曜日の当番で、池のそばの水道から約15分間、ホースで水かけをした。　　　　　　　　　　　　　　　　　　　　　　　　　　　　　　　　②
> 　二つ目の活動は、そうじ用具の点検である。そうじ用具は、各教室、特別教室、階段、昇降口、トイレなどに置いてある。月に1回、二人一組で7か所くらいずつ分担して点検した。そうじ用具の数が足りているか、整とんしてあるかを点検し、チェック表に◎○△の記号で記入した。　　　　　　　　　　　　　　　　　　　③
> 　美化委員会の活動によって学校がきれいになった。　　　　　　　　　④
> 　委員会活動は、学校の環境をよくするためにある。　　　　　　　　　⑤

① はじめ（美化委員会　　　　　　　）

② なか1（　　　　　　　　　　　）

③ なか2（　　　　　　　　　　　）

④ まとめ（学校がきれいになった）

⑤ むすび（学校の環境をよくする）

練習2 次の文章の各段落のキーワードを書きましょう。

> 　　　ろうそくを燃やす実験
> 　次の二つの方法で、ろうそくを燃やす実験をした。　　　　　　　　　　　①
> 　はじめに、石灰水を使って実験した。石灰水は無色透明だが、二酸化炭素が溶ける
> と白くにごる性質をもつ。ふたをしたびんの中でろうそくを燃やし、石灰水を入れて
> ふってみた。燃やす前はほとんど変化がなかったが、燃やした後は石灰水が白くに
> ごった。　　　　　　　　　　　　　　　　　　　　　　　　　　　　　　　②
> 　次に、気体検知管を使って実験した。ろうそくを燃やす前の空気には、二酸化炭素
> が0.03％、酸素が21％含まれていた。燃やした後の空気には、二酸化炭素が3％、
> 酸素が17％含まれていた。　　　　　　　　　　　　　　　　　　　　　　③
> 　実験から、ろうそくが燃えると二酸化炭素ができることが分かった。　　　④

〈キーワード〉

① はじめ（　　　　　　　　　　　　　　　）

② なか1（　　　　　　　　　　　　　　　）

③ なか2（　　　　　　　　　　　　　　　）

④ まとめ（　　　　　　　　　　　　　　　）

3 » キーワードをつなげば、要約文ができる

　整った論理的文章では、各段落のキーワードをつなぐと要約文ができます。上の「練習1」の要約文は次のように作れます。

> 　美化委員会で、花だんの手入れと掃除用具の点検をし、学校がきれいになった。委員会活動は学校の環境をよくする。

　キーワードをつないで要約文を作る方法については、86～91頁の「文章のキーワード・要約」に練習問題があるのでやってみましょう。

11

事実と意見を区別する

|POINT| レポートや論文では、根拠となる事実を客観的に書く必要があります。

1 » 事実と意見を区別する

　論理的文章では、事実と意見を明確に区別する必要があります。文章を書いているうちに、自分では事実だと思っていたことが、実は主観的な感想や意見だったと気づくことがよくあります。論理的文章を書くことで、主観と客観を区別できるようになります。

（練習1）次の文は事実ですか、それとも意見ですか。どちらかに○をつけましょう。

① 小川さんは、昨日わたしと一緒にキャンプへ行った。　　　　事実　　意見
② 田中さんは、とても背が高い。　　　　　　　　　　　　　事実　　意見
③ 山田さんは、頭がいい。　　　　　　　　　　　　　　　　事実　　意見
④ 山田さんは、漢字検定で二級に合格した。　　　　　　　　事実　　意見
⑤ 昨日の中休みは、クラス全員で鬼ごっこをした。　　　　　事実　　意見
⑥ 六年一組は、元気なクラスである。　　　　　　　　　　　事実　　意見
⑦ 鈴木さんの部屋にはテレビとラジオがある。　　　　　　　事実　　意見
⑧ 静岡県には山がたくさんある。　　　　　　　　　　　　　事実　　意見
⑨ 日本で一番高い山は、富士山だ。　　　　　　　　　　　　事実　　意見
⑩ 山下小学校の校庭は広い。　　　　　　　　　　　　　　　事実　　意見

「事実の記述」について次のような説明があります。

> 　事実の記述を次のように定義する。
> (a)　自然に起こる現象（某日某地における落雷）や自然法則（慣性の法則）；過去に起こった、または起こりつつある、人間の関与する事件の記述で、
> (b)　しかるべきテストや調査によって真偽（それがほんとうであるかどうか）を客観的に判定できるもの
> 　を事実の記述という。　　　※木下是雄（1994）『レポートの組み立て方』筑摩書房、p.37

　これによれば、間違っていても、真偽を確かめることができれば「事実の記述」といえることになります。

　また、他人の文章の引用も「事実の記述」の一つです。ただし、引用であることが分かるように書かないと剽窃や盗用という罪になることがあるので気をつけましょう。（引用の詳しい書き方については、本書70〜73頁「文章から引用して書く(1)(2)」参照）

2 » 事実を詳しく書く

「詳しく書く」とは「具体的に書く」ことです。だれに何のために書くか、によってどこをどのくらい具体的に書くか、が決まります。

例文1　食べ物は、いい。

例文2　野菜は、健康にいい。

例文3　ニンジンは、栄養があって体の調子を整えるのに役立つ。

例文4　ニンジンは、βカロテンが100gあたり8600 μg 含まれていて、体内でビタミンAに変換して、皮膚や粘膜を丈夫にしたり、視力の維持や、がんの予防、免疫力の強化、アンチエイジングなど、健康を保つために働く。

四つの例文を比べると、だんだん詳しく、つまり具体的になっています。「例文1」は抽象的過ぎて、ほとんど情報としての価値をもちません。幼児、小学生なら「例文2」か「例文3」がよいでしょう。相手によっては「例文4」は詳し過ぎて分かりにくくなります。読み手の状況にぴったりの具体度（抽象度）で書くことが大切です。詳しさを調節するには、まず具体的に書ける技術を身につけておく必要があります。

3 » 詳しく書くための注意点

詳しく書くための注意点を三つ挙げます。（詳細は61頁参照）

① 「いつ・どこで・だれが・何を・なぜ」を意識して書く。

② 地名・人名・数字などはそのまま書く。

③ 書こうとする中心の事実だけを書く。

（練習2）**例にならって、下線部をもっと具体的に書きましょう。**

　　例　私は音楽の授業で、さまざまな楽器を演奏した。

　　　　（　リコーダー、トライアングル、オルガン、ピアノ、ギター　）

① 遊園地にはいろいろなアトラクションがある。

　　（　　　　　　　　　　　　　　　　　　　　　　　　　　　　　）

② 私はテストのために頑張った。

　　（　　　　　　　　　　　　　　　　　　　　　　　　　　　　　）

③ クラス会は大成功だった。

　　（　　　　　　　　　　　　　　　　　　　　　　　　　　　　　）

④ 体育祭は盛り上がった。

　　（　　　　　　　　　　　　　　　　　　　　　　　　　　　　　）

⑤ 彼はかなり元気だ。

　　（　　　　　　　　　　　　　　　　　　　　　　　　　　　　　）

12

演繹的思考と帰納的思考

|POINT| 演繹的思考は、主に数学やコンピュータで活用されています。
帰納的思考は、自然科学全般で使われています。

1 ≫ 論理とは何か

　共通の言葉を使うとき、人々は共通の言語規則に従って思考しています。言葉が、それを使う人々にとって共通の思考の枠組みをもった記号であるから、お互いに予定を確認したり、行動を共にしたり、感動を共有したりすることができます。この共通の思考の枠組みを「論理」と呼びます。

2 ≫ 2つの論理的思考～演繹的思考と帰納的思考～

　論理的思考は、主に、二つの型が知られています。

　「演繹的思考」 は、古代ギリシャのアリストテレスによって体系化され、中世ヨーロッパで展開された推論の方法で、三段論法がよく知られています。「演繹的思考」は「言葉と言葉の関係をとらえる」思考といえます。現在では、数学や記号論理学としてコンピュータに利用されています。

　「帰納的思考」 は、17世紀の前半、イギリスのフランシス＝ベーコンが発見した推論の方法です。ベーコンは、自然を観察し、実験を工夫すれば世の中のすべてのことを正確に理解できると主張しました。観察や実験を行い、複数の具体的事例から共通の性質を発見する推論の方法で、「事物と言葉の関係をとらえる」思考といえます。現在では、自然科学全般に利用されています。

　二つの論理的思考を図示すると、下記のようになります。

① 演繹的思考

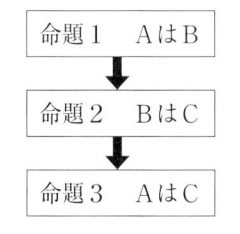

② 帰納的思考

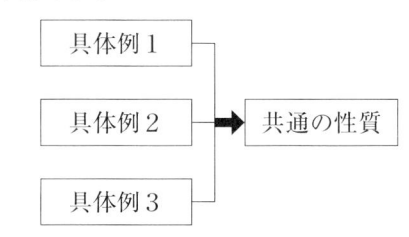

命題1　ソクラテスは、人間である。
命題2　人間は、必ず死ぬ。
命題3　ソクラテスは、必ず死ぬ。

日本のカラスは黒い。
カナダのカラスは黒い。
中国のカラスは黒い。
→ カラスは黒い。

3 » 演繹的思考とは何か

演繹的思考は、命題（真・偽を判断できる主語一つ、述語一つの文）をつないで、考えを進めます。命題が主語一つ、述語一つなのは、判断を混乱させないためです。

命題1は、ソクラテス（個別性）が人間（一般性）の一部だと判断しています。

命題2は、「人間は死ぬ」という一般性を判断しています。

命題3は、ソクラテス（個別性）が「死ぬ」（一般性）に含まれる（逃げることができない）と推論しています。

このように、個別性を一般性の中に位置づける考え方が「演繹的思考」です。古代の人は権力者や聖人の言葉（一般性）によって、自分の生き方（個別性）を決めようとしたので、このような思考法が発達しました。

（練習1） 命題といえるのはどちらでしょう。

① ア 山田西高校は、よい高校である。

イ 山田西高校は、山田市にある。

（練習2） 次の（　　　　　）の中に、推論できる命題を書きましょう。

① カブトムシは昆虫である。

昆虫には足が6本ある。

（　　　　　　　　　　　　　　　　　　　　　　　　　　　　　　　　　　　）

4 » 帰納的思考とは何か

帰納的思考は、複数の具体的事例から、共通する性質を導き出す思考です。人物のいろいろな行動から、その人の性格を推論する思考も、帰納的思考です。私たちは、日常いつもこのように帰納的思考を用いて行動しています。

天気予報や地震の予知、その他自然科学の知識はすべて、過去の経験を一般化したものです。現代では、帰納的思考を用いてさまざまな現象の予知と対策を進め、人間社会とその生活をよりよい方向に導こうとしています。帰納的思考では100％の正しさを確定できませんが、観察・実験の技術の進歩で、日々精密な推論に近づいています。

（練習3） どちらのグループに入るでしょう。

① 「ナイフ」 ア のり・セロハンテープ・ホチキス

イ つめきり・はさみ・ほうちょう

② 「池」 ア 海・港・波

イ 村・林・森

③ 「あり」 ア ちょう・はち・とんぼ

イ みみず・いもむし・へび

第II章

基礎を大事に！

1

まず、鉛筆の持ち方から

|POINT| 正しい鉛筆の持ち方で書かないと、次のようなデメリットがあります。

1 » 正しくない持ち方のデメリット

デメリット1	腕が疲れて長時間書くことができない。
デメリット2	きれいな字を書くことが難しい。
デメリット3	筆記の速度が遅く、板書にノートが追いつかない。
デメリット4	指が痛くなる。
デメリット5	姿勢が悪くなる。

こんなデメリットは感じないと思った人がいたら、

1　指にペンだこができてはいないか

2　いつの間にか紙に目が近づいていないか

3　書いた文字の形が曲がっていないか

4　姿勢が悪いと言われたことはないか　　　を確かめてみましょう。

　もし、一つでも当てはまったら、それは、正しい持ち方ができていないから、そうなるのです。「デメリット5」に「姿勢が悪くなる」とありますが、実は、姿勢と鉛筆の持ち方とは大きく関係します。小学生の時、「正しい姿勢で正しい持ち方で」と言われたはずです。実は、正しい持ち方ができないと正しい姿勢は保てず、正しい姿勢でないと正しい持ち方をするのが難しいのです。

　また、正しい持ち方で書くと余計な力が入らず、長い時間書いていても疲れずに速く書くことができます。文字も美しく書けるようになるし、これから社会人となって人前で文字を書く際に困ることもなくなります。

　ぜひ、鉛筆を正しく持って書けるように練習しましょう。

2 » 正しくない持ち方の例

こんな持ち方になっていませんか。

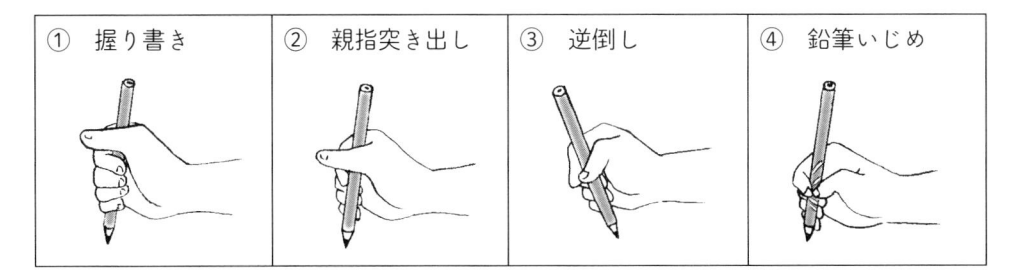

| ① 握り書き | ② 親指突き出し | ③ 逆倒し | ④ 鉛筆いじめ |

③と④は、それほど気にならないという人がいますが、間違いです。③の逆倒しの持ち方で書くと、文字の形が変わってしまいます。また、④では、人差し指のツメで鉛筆を強く押しすぎてしまうので、鉛筆にはツメの傷跡が残ります。

　現在は何でもパソコンで打つから大丈夫だというわけにはいきません。入社試験、研修、お礼状、仕事の相手先を前にした署名等、いろいろな場で鉛筆（ペン）を持って文字を書くことになります。さあ、今日から正しい持ち方にしましょう。

3 ≫ 正しい持ち方

　小学校では合言葉のように教えています。持ち方を確かめましょう。

♪関節・空間・三角形・紙との角度は60度♪

鉛筆のじくが人差し指の第2〜第3関節につく

手のひらに空間ができるように少しあける

紙と鉛筆の角度は60度

鉛筆の先から見ると、親指、人差し指、中指で三角形ができる

4 ≫ 持ち方手順

　これも、小学校で合言葉のように教えている持ち方です。

① とがったほうをおへそへ向けて
（鉛筆の書ける方を手前に向けて机の上に置く。）

② 2本でつまんで
（親指と人差し指でつまみあげる。）

③ くるりーん
（指で鉛筆を回すようにして親指と人差し指の間に倒し、少し斜めに傾ける。）

④ぱっ
（中指を鉛筆の下に軽く添える。）

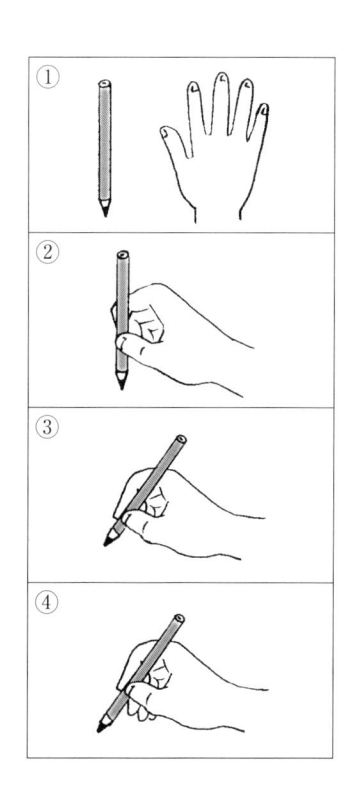

2 平仮名を正しく

1 ≫ おれをよぶならまわす

暗号ではありません。これは、大学生に平仮名の書写を課題に出した際、書き直しをさせることが多い平仮名です。よくある字形を示しました。

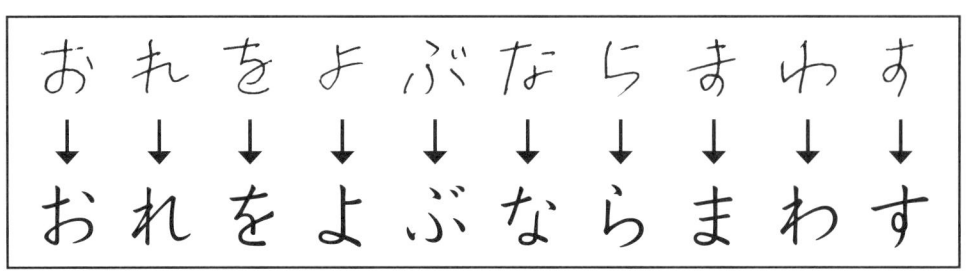

文章全体の約 70 % が仮名文字といわれます。だから、仮名文字を正しく美しく書くことは、文字全体が美しく見えるようになるための近道です。

正しくない形で書かれていたり、独特のクセがあって読みにくかったりすると、能力を過小評価されて信頼を得られないこともあります。文字を正しく書くことは大変重要です。

2 ≫ 平仮名の歴史

「かな」は、原則として音韻を表し、意味を表すことはできません。表音文字といわれます。

平安初期に漢字を草書化した「草の仮名」をさらにくずして作ったものが平仮名です。平仮名は主に女性が使ったので、「をんなで（女手）」または単に「かな」と呼ばれました。はじめは異体があり、一音に一字が対応しているものばかりではありませんでした。

日本は明治時代まで、文書の大半において中国を模範にしてきたので、中国から伝わった漢字は本物で価値が高く、仮名はそれよりも一段低いものと見なされてきました。だから、漢字は本物の意味で「真名」と呼ばれるのに対し、それ以外のものは仮のものとして「仮名（かりな）」と呼ばれました。それが「仮名（かんな）」を経て、「かな」となりました。「ひらがな」といわれるようになったのは、17 世紀が最初といわれます。平仮名によって優れた平安女流文学をも生むことにつながりました。

日本語の表記には、平仮名は必要です。日本文化の継承という点でも、正しい形の平仮名を書くことができるように、手本をよく見て練習しましょう。

「正しく丁寧に」が基本です。

3 » むすびがポイント：形は「魚」か「おむすび」

もとになった漢字の形を考えて書くことと、「むすび」がポイントです。

【魚型】「ぬ、ね、は、ほ」も、平べったく魚型につぶして最後は止めます。

ま	末	一画目より二画目が短い。三画目の最後のむすびは平べったくつぶす。「魚の尻尾」は丸めない。　　×♂　○♪
よ	与	横画が一画目。二画目はたてにまっすぐ下ろし、むすびは丸めない。平べったく魚型にして、ぺったんとつぶす。

【おむすび型】「む」のむすびも「おむすび型」です。「る」も小さなおむすびが真ん中に乗るようにして書きます。

す	寸	一画目の横画を長く。むすびはややたて長の三角形になるようにする。少し下の方で結ぶと形が取りやすくなる。
な	奈	一画目を長くし過ぎず、三画目は下にし過ぎない。四画目は三画目からつながることを意識し、文字の中心で逆三角形にする。

4 » 「われ」の一画目と二画目は仲良し！　離さずに重ねる

わ	和	「和」の「のぎへん」を意識して、二画目を一画目に重ねる。「和」の「口」の位置を考えて、二画目の「おしり」は高くし過ぎない。
れ	礼	「礼」の「しめすへん」を意識し、一画目のたて画に二画目の「行って戻って」の部分が重なる。「わ」より「おしり」が上で、丸め過ぎない。

5 » 実は見えない糸でつながっている

ふ		二画目は一画目と見えない糸でつながっていることを意識する。二画目には丸みをもたせてふっくらと書き、三画目は左上から右下に書き、はねる。
ら		一画目と二画目がつながっているイメージで書く。一画目は左上から右下に斜めに下ろす。

6 » 文字の中心を意識する

お		一画目は中心線の左に書き、さらに、二画目がポイント。はじめまっすぐ下ろして、三角にまげて上げ、文字の中心に向けてはらう。
を		二画目の書き始めは文字の中心線から出発し、二画目の最後も文字の中心線に戻ることを意識して書く。

3

片仮名も正しく

1 » マンモス　ヤミデ　ホシヲ　ヒトメ

これも暗号ではなく、書き間違いが気になる片仮名です。

> アンモスアシデホシヲヒトメ
> ↓ ↓ ↓ ↓ ↓ ↓ ↓ ↓ ↓ ↓ ↓ ↓ ↓
> マンモスヤミデホシヲヒトメ

　小学生の頃、「シとツ」「ソとン」「マとア」「スとヌ」は特に注意するように教わったからか、意識して書こうとしている人がいるのは大変よいことです。しかし、自己流で形を変えたり、力が入りすぎたりして形が崩れた片仮名を見ることがあります。力が入ると「マンモスヤミデ」が「アソキヌア三ギ」にも読めてしまいます。また、「ヲ」の筆順を勘違いして「フ」を書いてから「一」を書き加える人もいます。「ト」の一画目、「ヤ」の二画目の向きの間違いも意外に多くあります。

　振り仮名を片仮名で書くように指示される書類も多く、また、外来語や新語がかなり使われている現状では、片仮名を書く機会は意外に多いものです。正しく書けるように練習しましょう。

2 » 片仮名の歴史

　片仮名は、平仮名と同様に表音文字です。「片」は不完全なという意味で、ア（←阿）、イ（←伊）、ウ（←宇）のように、漢字の一部を取って作られています。原則として音韻を表し、それ自体で単語を表すことはありません。

　漢字を訓読する際に、古くは漢字をそのままを使って振り仮名や送り仮名を書いていましたが、それでは本文との区別がつかなくなったり、振り仮名や送り仮名のための大きなスペースが必要になったりしました。片仮名は、奈良時代から平安時代にかけて、漢字を訓読する時に、補助的に使用される振り仮名や送り仮名として創出され、発達しました。当時はさまざまな字体がありましたが、鎌倉時代後期から室町時代あたりには、現在使われている形になったといわれます。

　漢字の一部を使ってその音節を表したことから、「片仮名」の名がつきました。多くの片仮名は、漢字の一部から成立しましたが、中には「之→シ」「千→チ」「八→ハ」のように、漢字全体から成立した片仮名もあります。

3 ≫「シオピホ」の書き方に注意

「ミ」「セ」も速く書こうとして違う形になりがちです。気をつけましょう。

シ	「ソ」と「ツ」の最後の画は上からはらうが、「シ」は「ン」と同様に、下から上に向かって斜めにはらう。
オ	二画目はしっかりはねる。三画目がどこから出発するか、よく見て書くことが大事。三画目は上からはらう。
ピ	小学校では、一画目は左から右に書くように指導している。二画目は「おれ」ではなく、「まがり」なので注意する。半濁点（°）を書く場所も確認する。
ホ	二画目をはねることが曖昧になりがちだが、ここは、しっかりはねて書く。三画目は上から左下に向かっておろし、とめる。

4 ≫使い方に注意

　外来語や外国の地名・人名を片仮名で書き表す際、原音やつづりに近い音を表すために、もともとの日本語にはない、特別な書き表し方をすることがあります。

バレエ ミイラ	長音は原則として長音符号「ー」を用いて表すが、母音字を添えて書くことがある。他には「ボウリング」「サラダボウル」。キャラクターの名前も、母音字で書く場合がある。
ウィ、ウェ、ウォ ファ、フィ、フェ、フォ	「ウィーン」「ウェディングベル」「ウォーター」等と「ウィ、ウェ、ウォ」を用いて書く一方で、これまでの慣用によって「ウ」を省き、「サンドイッチ」「スイッチ」と書く場合もある。 これと同様に「ファ、フィ、フェ、フォ」を使って書く言葉があるが、「セロファン」を「セロハン」、「フィルム」を「フイルム」と書くことがある。
ヴァ、ヴィ、ヴ、ヴェ、ヴォ	原音に近づけるとすれば「ヴァイオリン」「ヴィーナス」「ヴィヴァルディ」であるが、一般には「バイオリン」「ビーナス」「ビバルディ」と書くことができる。
ア ヤ	「ピアノ」「フェアプレー」等、イ列、エ列の次の「ア」は原則として「ア」で表すが、「ダイヤモンド」「ダリヤ」「ダイヤル」等、これまで「ヤ」で書かれていたものは「ヤ」で書くことがある。

※参考：『新しい国語表記ハンドブック　第八版』(2018) 三省堂

4 同音異義語を使い分ける

　次の漢字の書き分けができますか。ここにあるのはほんの一例です。油断せず、正しく使えるようにしましょう。曖昧な言葉は辞書を引いて確認しましょう。

1 ≫ 間違いやすい同訓異字

読み	漢字	用例
あげる	上げる 揚げる 挙げる	地位を上げる、成果を上げる、歓声を上げる 国旗を揚げる、引き揚げ者、天ぷらを揚げる 手を挙げる、例を挙げる、全力を挙げる
あたい	価 値	仕事に見合った価をつける その仕事は称賛に値する、x の値の求め方
あたたかい	暖かい⇔寒い 温かい⇔冷たい	暖かい部屋、暖かい空気、コタツで暖まる、暖かい色 温かい料理、心温まる話
あらわす	表す 現す 著す	態度に表す、言葉に表す 本性を現す、姿を現す 本に著す
うける	受ける 請ける	相談を受ける、注文を受ける、保護を受ける 仕事を請け負う、下請けに出す、納期を請け合う
おもて	面 表	面を上げろ、矢面に立つ 表向きはこうする、日本の表玄関
かえりみる	顧みる 省みる	結果を顧みる、家庭を顧みない 自分を省みる、我が身を省みる
たつ	絶つ（途切れる） 断つ（やめる）	命を絶つ、望みが絶たれた、縁を絶つ 関係を断つ、国交を断つ、酒を断つ
つとめる	努める 務める 勤める	解決に努める、努めて早起きする 親の務め、リーダーの務めだ 会社に勤める、法事を勤める
ながい	長い 永い	長い年月、長続き、長い髪、気が長い 永い眠り、永く名を残す
はかる	図る 謀る 諮る 計る	解決を図る、便宜を図る、合理化を図る 暗殺を謀る、乗っ取りを謀る 役員会に諮る、会議に諮る 時間を計る、計り知れない

2 » 使い分けが難しい同音異義語

読み	漢字：意味	用例（意味）
いぎ	異義：違った意味 異議：違った意見	同音異義語 異議を唱える、異議申し立てをする
いどう	移動：一般的 異動：人事	車の移動、椅子を移動 人事異動、大阪支店に異動
えいり	営利：金儲け 栄利：名誉と利益	営利を追求する 栄利をむさぼる
かいとう	解答：答え 回答：返事	模範解答を見る アンケートに回答する
かんしょう	鑑賞：芸術品を味わう 観賞：見て楽しむ	映画鑑賞が趣味 景色を観賞する
きせい	規制：制限・統制 規正：正す・公正	営業規制、交通規制 政治資金規正法に基づく
きゅうめい	究明：極める 糾明：正す	原因究明 罪状糾明
ぐんしゅう	群集：集まる 群衆：集まった人々	群集心理 千人の群衆
けっさい	決済：精算 決裁：裁定	現金で決済する 部長の決裁をもらう
せいさん	清算：結末をつける 精算：詳しく計算	自分の過去を清算する、借金の清算 駐車料金を精算する、精算書
そくだん	即断：その場ですぐ 速断：速まって	購入を即断する 速断を戒める
たいしょう	対象：オブジェクト 対照：コントラスト 対称：シンメトリー	調査の対象、対象となる学生 原文と対照する、色の対照 線対称、左右対称
ふよう	不要：いらない 不用：用いない	不要な支出は控える、不要な争い 不用になった衣類、不用品
ほしょう	保証：請け合う 保障：守る 補償：償う	身元を保証する、連帯保証人 安全を保障する、社会保障制度 損失を補償する
めいかい	明快：筋道が明らか 明解：解釈が明らか	明快に答える 明解な解釈

※参考文献：『新しい国語表記ハンドブック　第八版』（2018）三省堂

5

句読点の打ち方

|POINT| 句点は文の終わりに、読点は意味の区切れ目に打ちます。

1 ≫ 句点は文の終わりに打つ

　論理的文章では、句点は文の終わりに必ず打ちます。ただし、見出しやタイトル、詩歌や文学的な効果をねらった表現にはつけないこともあります。

　パソコンでは、句点は自動的に行頭を避けて入りますが、原稿用紙に自分で書く場合には注意が必要です。また、縦書きと横書きでは句点の場所が違います。原稿用紙や罫線に書く場合、いずれにしても、行のはじめには句点は打ちません。最終マス、あるいは行の最後に入れ込みます。かぎかっこのある場合には、文末の一文字とかぎかっこ、句点の三つが同じマスに入ることになります。

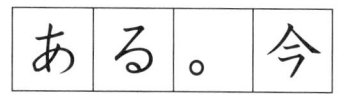 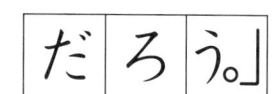

2 ≫ 読点は意味の区切れ目に打つ

　「読点」と書きますが、読むための区切りではなく、意味の区切れ目に打ちます。例えば、「君はいしゃになるのか。」の下線部を漢字で書けば歯医者なのか医者なのかが当然分かりますが、平仮名のままで読点の打ち方を変えるだけでも意味が違ってきます。読点の打ち方は、論理的文章では分かりやすい文章になるかどうかに深くかかわってきます。

　修飾語が長い場合に読点を打つと分かりやすくなります。また、重文では境目に読点を打ちます。ただし、どんな文でも読点をたくさん打てばよいというわけではないので、注意しましょう。

> 鬼役の花子さんが汗びっしょりになって逃げている明子さんを追いかけている。

　上の文では、汗びっしょりになっているのが花子さんなのか明子さんなのかが分かりません。区切り方によってはどちらにも読める文です。読点を打つことで、この文の意味が明確になります。

（練習1）汗びっしょりな人は花子さんだと分かるように、読点を打ちましょう。

> 鬼役の花子さんが汗びっしょりになって逃げている明子さんを追いかけている。

（練習2）汗びっしょりな人は明子さんだと分かるように、読点を打ちましょう。

> 鬼役の花子さんが汗びっしょりになって逃げている明子さんを追いかけている。

（練習3）次の二つの文のうち、読点の使い方が適切なのはどちらでしょう。文の前の
（　）に〇か×かをつけましょう。

例）
{（×）　ヘンゼルは、壁をグレーテルは窓をごっそりはがして食べました。
{（〇）　ヘンゼルは壁を、グレーテルは窓をごっそりはがして食べました。

①
{（　）三日の正午ごろ解散し長野発12時36分発の新幹線あさまで、帰途についた。
{（　）三日の正午ごろ解散し、長野発12時36分発の新幹線あさまで帰途についた。

②
{（　）一番小さな子やぎは大きくて、前足を白くした狼が来たことを話した。
{（　）一番小さな子やぎは、大きくて前足を白くした狼が来たことを話した。
{（　）一番小さな子やぎは大きくて前足を白くした狼が、来たことを話した。

（練習4）文の意味に合うように、読点を打ちましょう。
① 生徒が慌てずに行動するように指示する場合

> 慌てずに机の下に入り机の脚を掴むように指示した。

先生が慌てずに指示する場合

> 慌てずに机の下に入り机の脚を掴むように指示した。

② ラーメン屋さんの手前の店に入る場合

> 今日はいつものラーメン屋さんではなく、気分を変えてまえの店に入ろう。

ラーメン屋さんの前の店に入る場合

> 今日はいつものラーメン屋さんではなく、気分を変えてまえの店に入ろう。

③ 威勢のよいのは男の人

> 威勢のよい魚屋の店先にいる男の人はだれだろう。

威勢のよいのは魚屋

> 威勢のよい魚屋の店先にいる男の人はだれだろう。

6

論理的文章で使う言葉には決意がいる

|POINT| レポートや論文では、話し言葉とは異なる明確な表現を使います。

1» レポートや論文の言葉（書き言葉）

論理的文章の言葉が文学的文章の言葉と違うのは、すでに学びました。

レポートや論文を書くには、さらに、曖昧な言い方や普段使っている話し言葉（口語に近い表現）を使わないようにして、自分の決意が明確になる言葉を使います。これは、文章を書く場合だけでなく、公の場で論理的に説明したり発表したりする場合でも同じです。

2» 曖昧な文末にせず、決意する

「～であろうと思われる」
「～をおさえる」 }は使わない。
「～について触れる」

これらは大変便利な文末表現の筆頭です。極端な言い方をすれば、自分の書いた内容の是非について、責任をさほど感じなくてすむ表現です。それは、自分が主張した内容が少しずれていたり、調査した結果か自分だけの仮説かを断定できなかったりしても、漠然とした印象となって読み手に伝わるからです。

また、定義が曖昧な言葉は用いず、いくつかの意味が考えられる場合には文中でその語句の定義を明確に示す必要があります。自分の決意がそのまま出るので、曖昧な言葉を使わずに書くのは厳しいですが、言い切る表現で書くようにしましょう。

練習1 次の文末を言い切りの形にしましょう。
① ～と思われる 　　　　　　（　　　　　　　　　　　　　　　　　　）
② ～と考えられる 　　　　　　（　　　　　　　　　　　　　　　　　　）
③ ～といえないこともない 　（　　　　　　　　　　　　　　　　　　）

3» 片仮名語には注意する

片仮名語は略語で使われている場合があるので注意しましょう。意味が曖昧なまま片仮名語を使ってしまっている場合もあるので、片仮名語を漢語や和語に置き換えることも必要です。「コンビニ」「バイオ」「バイト」など、よく聞く言葉ですが、正式名称を確認してみましょう。不用意に使うと、思わぬ誤解を招いてしまうことがあります。

4 » 「らしい、たぶん、こと、もの」は使用禁止

　「らしい、たぶん」は使わずに言い切り、「こと、もの」は別の言葉で言い換えます。全く使わないのはかなり難しいですが、できるだけ使わない努力をしましょう。

（練習2）　次の「こと」「もの」を別の言い方に直しましょう。

①　アサガオの発芽のためにはどんなことが必要ですか。　　　　　（　　　　　　　）

②　私の留守中にそんなことがあったとは聞いていない。　　　　　（　　　　　　　）

③　今の打席を見ただけだが、あの打者はいいものをもっている。　（　　　　　　　）

5 » 論文によく使う表現と口語に近い表現

（練習3）　次の空欄に適語を入れ、表を完成させましょう。

	論文によく使う表現	口語に近い表現		論文によく使う表現	口語に近い表現
1	行う		11	～せずに	～しないで
2	用いる	使う	12		もっと
3	示す	見せる	13		これからも
4	異なる		14	常に	
5	見出す	見つける	15	いかなる	どんな
6		言う、書く	16	ゆえに、したがって	なので
7	あるいは		17	依然として	
8	およそ、約		18		だんだんに
9		どちらも	19		コンビニ
10		間違い	20		デジカメ

（練習4）　次の下線部の表現を、レポートや論文にふさわしい表現に直しましょう。

①　こんな条件がいっぱい見つかった。

②　こんな研究から、前と違う成果を見せることができた。

③　日本と外国との関係は、だんだんよくなってきていると思う。

④　みなが、その催しにはたくさんの人のサポートが必要だと言っている。

7

箇条書きの書き方

　ノートをとったり、レポートに複数の項目を書き並べたりするとき、箇条書きが役立ちます。3項目以上を並列で書く際には箇条書きを使いましょう。なぜ箇条書きか？　それは、読みやすく、分かりやすくするためです。

　箇条書きにするには「そろえる・まとめる」が重要です。

1 » そろえる

(1)　行頭をそろえる

　行頭に、番号やア・イ・ウなどの記号をつけて、そのあと一字下げて書き始めると見やすく、分かりやすくなります。番号は、(1)・(2)・(3)や、ⅰ・ⅱ・ⅲでもよく、その後の行頭をそろえます。「・」や「○」をよく見かけますが、箇条書きにしたものについて説明する際には、どの項目を指しているのか分かりにくくなります。

よい例	分かりにくい例
①　証明写真を撮る。	・敷居を歯ブラシでこする。
②　願書を書く。	・窓ガラスを磨く。
③　受験料を払う。	・黒板の溝を拭く。

(2)　文字数をそろえる

　文字数もそろえるようにします。もちろん、全部同じ文字数にする必要はなく、20字程度の箇条書きの中で一つの項目だけ100字になるなどということがないようにすればよいということです。2行になるときにも行頭がそろうように書きましょう。

　　例

　　①　慌てて外に飛び出さず、強い揺れがおさまってから廊下に並び、指導者の指示通りに避難する。

　　②　窓や棚など上からの落下物に近づかず、バッグや衣類で身を守るように防ぎ、注意して歩く。

(3)　書き方をそろえる

　文末表現や文を区切る位置などをそろえて書きます。言い回しや表現方法が同じになると読みやすくなります。

2 » まとめる

(1) 語句をまとめる

行を変える際に、一語が分かれないようにすると読みやすくなります。下の例の○の方は、「腕全体を」をまとめて書くようにします。箇条書きでは、語句のまとまりを意識して書きましょう。

例

× 右手を上に挙げ、大きな円を描くように腕全
体を回す

○ 右手を上に挙げ、大きな円を描くように
腕全体を回す

(2) 項目でまとめる

紙面に余裕があれば、項目ごとに行間をあけて書くように意識します。項目ごとに行間をあけるようにすると項目のまとまりが際立ち、分かりやすく見えます。

例

① ごみのポイ捨てが多く、空き缶やペットボトルも落ちている。

② 放置自転車があり、駐輪禁止の札が付けられている自転車もある。

③ 道に駐車違反をしている車をよく見かける。

箇条書きにすると、
ⅰ 接続詞や長い文末表現が不要になり、すっきりと見やすくなります。
ⅱ 書きたい内容が何項目あるか整理されて、分かりやすくなります。

ただし、使い過ぎに注意し、効果的な使い方をしましょう。

8

原稿用紙の使い方をマスターする(1)〜句読点・符号〜

|POINT| **原稿用紙の使い方を勘違いしている人を多く見かけます。要注意！**

> i　1マスに一つの文字・符号を書き入れる
> ii　拗音（き⍟）や促音（き⍟と）にも1マスを使う
> iii　段落のはじめの一文字はあけて書き始める

これはまず基本です。句読点・符号の書き方も確認しましょう。

1» 句点（。）、読点（、）にはそれぞれ1マスを使う

拗音や促音と同じ場所に書きます。縦書きと横書きとでは書く場所が違います。

① **縦書き**では、マス目の右上に書きます。

② **横書き**では、マス目の左下に書きます。また、文末の句点（。）は縦書きも横書きも同じ形ですが、読点にはカンマ（,）を使うことが多いです。

（縦書きと同じ読点を打つ場合もあります。）

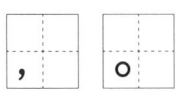

2» 点線「……」、ダッシュ「――」は2マスを使う

右に**縦書き**の文例を示しますが、横書きでも同様の使い方をします。

① 省略や会話文の無言等を表す場合には点線「……」を使いますが、点線は1マスに三点（…）ずつを打って、2マスを使って書きます。

② ダッシュ「――」は語句の挿入やまるかっこ（　　）の代わりに使いますが、これも、2マスにまたがって書きます。

ん	見	：	
｜	上	」	私
｜	げ	と	が
ペ	た	、	た
ッ	。	無	ず
ト	そ	言	ね
の	し	で	る
猫	て	三	と
｜	、	分	、
｜	ド	ほ	弟
が	ラ	ど	は
車	ち	空	「
に	ゃ	を	：

3 » 疑問符（？）や感嘆符（！）も１マスを使う

　１マスに書くのは他の符号と同じですが、疑問符や感嘆符を書いた後は１マスあけます。

4 » 説明には（　　）

　文中で説明を加える場合や、漢字の読み方を特別に示す場合には、まるかっこ（　）を使います。かっこも１マス使います。

　まるかっこ（　）で囲んだ言葉の最後の文字が行の最後のマスで終わる場合には、（　）を閉じる意味の　）を次の行の先頭のマスではなく、最後の文字と一緒に、行の最後のマスに書き込みます。これは、句読点、閉じるかぎ」や中黒（・）の場合も同じです。

　※最終マスの下の欄外に書くように示している教科書もある。

　また、始まりの（　は行の最終マスには書かず、最終マスを１マス分あけて、次の行の先頭のマスに書きます。これは、始まりのかぎも同様です。

5 » 促音や拗音の位置は句読点と同じ

　促音や拗音を書く位置は、縦書き、横書き共に句読点と同じです。ただし、句読点は行の先頭のマスには書きませんが、促音や拗音は書いても構いません。

6 » 題名は３マスあけて書き、名前の下は１マスあける

　題名を書く場合、３マスあけて４マス目から書きます。ただし、長い題名を書くときには２マス分だけあけて３マス目から書く場合もあります。

　氏名を書く場合、姓と名前の間は１マスあけます。さらに、名前の下は１マスあくようにして書きます。

宙	た	赤	
（	！	ち	昨
そ		ゃ	日
ら	名	ん	、
）	前	が	隣
だ	は	誕	の
。	、	生	家
珍	宇	し	で

を	の	（	具
詳	も	事	体
し	事	実	例
く	実	と	の
書	に	み	段
く	含	な	落
必	む	さ	に
要	と	れ	事
が	す	る	実
あ	る	）	

っ			
て	私		
い	は		
た	高		自
。	校		分
毎	時		の
日	代		役
、	に		割
音	吹		
楽	奏	山	
室	楽	川	
で	部		
練	に	進	
習	入		

9

原稿用紙の使い方をマスターする⑵ ～かぎかっこ～

かぎかっこの基本は下の3点です。

> ⅰ 会話文、引用、注意したい語句を「　」（かぎかっこ）で囲む
>
> ⅱ 「　」（かぎかっこ）の中にさらにかぎかっこが必要な場合や書名を書く場合には
> 『　』（二重かぎかっこ）を使う
>
> ⅲ かぎかっこも二重かぎかっこも1マスを使って書く

1≫ 縦書きと横書きの違い

かぎかっこを書く位置も、横書きと縦書きとでは違うので、注意が必要です。

① **縦書き**では、始まりのかぎ「　をマス目の中の右下に書き、閉じるかぎ　」を左上に書きます。

縦書き

② **横書き**では、始まりのかぎ「　をマス目の中の右上に書き、閉じるかぎ　」を左下に書きます。

会話文を閉じるときには、句点（。）と閉じるかぎ　」を同じマス目に書きます。

※閉じるかぎと句点を最終マスの下の欄外に書くように示している教科書もある。

横書き

2≫ 論理的文章の「　」と文学的文章の「　」は違う

① **文学的文章**では、会話文では行を変えます。二行以上に会話文が続く場合には、会話文の二行目以降は一番上のマスをあけます。会話文が行の途中で終わっても、その下のマスはあけておき、会話文の次の言葉や文は、次の行の一番上から書き始めます。

文学的文章

ま	と		「	お
い	、	ぶ	あ	じ
、	言	に	ま	い
と	い	な	い	さ
て	ま	れ	、	ん
つ	し	ぴ	あ	が
も	た	た	ま	、
な	。	」	い	
く	あ		か	

② **論理的文章**では、会話文を書くときにも行を変えず、文中にそのまま書きます。「　」の下をあけることも行いません。

ただし、始まりのかぎ「　が行の最終マスに来る場合は、最終マスには文字を書かずにあけて、次の行の一番上のマスに始まりのかぎ「　を書きます。

論理的文章

方	言	せ	「昨
が	っ	て	先日
間	た	い	輩、
違	が	た	方新
っ	、	だ	の入
て	言	き	仕社
い	葉	ま	事員
る	の	す	をが
の	使	」見、
だ。	い	と さ

縦書きと横書きでは、原稿用紙の使い方が違うので、もう一度整理しておきましょう。ルールをしっかり身につけることが大事です。

（練習1）次の論理的な文章を、横書きの原稿用紙に書きましょう。段落が変わっているところを改行するのを忘れないようにしましょう。

読書を奨励している学校が増えた。

読書を奨励するには学校図書館の充実が必要である。「図書館だけでなく、各学級にも二百冊程度あって子どもたちが読んでいます。」と語るのは、茨城県の公立小学

（練習2）次の論理的文章を、縦書きの原稿用紙に書き、練習1で書いた横書きの文章と比較してみましょう。

小学校の校長をしている叔父が、「朝、『論理的思考を鍛えるドリル』の記事を見つけたよ。」と話し始めた。

第III章

小論文を書こう！

一　基本の形

1　そもそも小論文とは？

|POINT|　小論文とは「小さな、論理的構成をもつ文章」です。

1 ≫ 論理的であることが求められる

　レポートや採用試験等で小論文を書く機会が多くなります。課題について報告したり、経験や学んだことを基に自分の主張を述べたりする文章が含まれます。卒業論文を書く場合もこの書き方を応用して書きます。

　小論文は「論理的構成をもつ文章」ですから、論理的に書くために、言葉の使い方や文章構成に注意が必要です。基本の書き方をしっかり学びましょう。

2 ≫ 基本の文章構成

　第Ⅰ章12で「演繹的思考と帰納的思考」について説明しました。次に示す文章構成では、「なか」と「まとめ」の関係が帰納的思考で、「まとめ」と「むすび」の関係が演繹的思考の要素をもちます。

　下に示した表のように書くと、論理的に筋の通る小論文を書くことができます。基本の文章構成で小論文を書く力を身につけましょう。

構成	内容	キーワードの例
はじめ	全体のあらましを書く。	お手伝い
なか1	具体例1：感想・意見は書かない。	おふろそうじ
なか2	具体例2：感想・意見は書かない。	くつみがき
まとめ	具体例に共通する性質・感想を書く。	大変な仕事だ
むすび	まとめの一般化：まとめの感想や意見が、全ての人やものに当てはまるという主張	手伝いは家族の役に立つ

※参考：市毛勝雄（2010）『DVD付授業マニュアル　小論文の書き方指導　4時間の授業で「導入」から「評価」まで』明治図書出版

練習1 「なか」と「まとめ」のつながりが正しいものは次のどれでしょう。

題	（A）おまつり	（B）おまつり	（C）お手伝い	（D）お手伝い
はじめ	おまつりに行った。	おまつりに行った。	お手伝いをした。	お手伝いをした。
なか1	おめんを買った。	おめんを買った。	おふろを洗った。	おふろを洗った。
なか2	ラムネを飲んだ。	お金を落とした。	テレビを見た。	くつをみがいた。
まとめ	おいしかった。	楽しかった。	がんばった。	とてもつかれた。

たった4文で構成されていても、論理的に筋の通った文章とそうでないものがあるのが分かったと思います。皆さんが書くのは、論理的構成をもつ小論文です。

3 » 段落

段落は文章の一区切りであり、ある一つのことについて書いた文の集まりのことです。文章を構成する段落には、それぞれ役割があります。どの段落にもキーワードを入れ、各段落における意味のまとまりが明快になるように書く必要があります。新しい段落では行を変え、段落始めの文字を一字下げて書き始めます。

練習2 　次の文章を2段落の文章に書き直します。区切れ目に斜線を書きましょう。

9月28日金曜日、上野発22時37分の寝台特急「天の川」で鶴岡へと向かった。山形での学会へ参加するためである。寝台特急は満員だった。鶴岡駅に着くと29日土曜日午前8時13分だった。駅から少し歩いたところで朝食をとり、午前中は市内見物をした。善實寺、酒造資料館、致道博物館などを見て、12時ごろ学会会場に着いた。

4 » キーワード

段落には、その段落の中心となるキーワードがあります。一段落に複数の事柄を書かず一つのキーワードについて書くと、内容がすっきりして、読み手に分かりやすくなります。

一段落に一キーワードの原則を守って書くことを「一段落一事項の原則」といいます。

練習3 　次の段落のキーワードを探して線を引きましょう。

① 　すぐれた文学作品では、作品の前半と後半の主人公のイメージに、はっきりとした変化が認められる。主人公の始めのイメージが保持されて終末に至るのではなく、作品の大きな流れの中で、始めとは違ったイメージが形成される。その変化が、作品を大変おもしろく豊かなものに見せる。

② 　学会発表前日の夜、先生はホテルのロビーで、ゼミ生である私たちを相手に研究発表のリハーサルをなさった。発表の題目は「文学教材指導における描写の役割」で、「描写」の形態的特徴についてである。「描写」はセンテンスを成していなければならず、連体修飾句では単なる説明に過ぎないという説だ。当日の発表時間は20分だが、リハーサルでは1時間近くかかり、言葉の言い換えも多かった。言葉を言い換えるたびに、先生の原稿には赤で印が書き込まれた。

2

キーワード表を作る

|POINT| 文章にも骨組みが必要です。文章の骨組みを「キーワード表」と呼びます。

1 » キーワード表（文章構成表）

キーワード表（文章構成表）は小論文の骨組みになります。54頁の練習1で考えたように、「具体例」と「まとめ」が正しく結びつくようにします。

2 » キーワード表作成の手順

キーワード表作成のための手順を次に示します。練習として、「家の仕事」をテーマにします。

① 自分がやっている、または、やったことのある家の仕事を〈なか〉に書き出します。

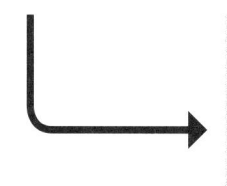

やったことのある家の仕事は……

くつならべ、ゴミ出し、風呂掃除、食器並べ、
新聞取り、食事作り、玄関掃除、食器洗い、
犬の散歩、窓掃除、掃除機かけ……

② 「なか」に書いた家の仕事から共通する性質・感想を、「まとめの表」の「まとめ」に書きます。

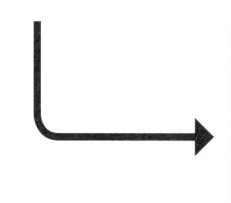

上の四角の中の仕事から共通するのは……

めんどうである ─────→○これにしよう!!
時間がかかる
やれば楽しい

③ 「まとめ」に合う「なか」を二つ選んで「まとめの表」に書きます。

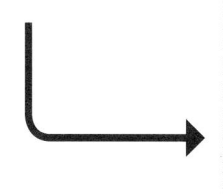

「めんどうである」に合う「なか」は……

くつならべ、ゴミ出し、風呂掃除、　　○この二つに
食器並べ、新聞取り、食事作り、　　　　しよう!!
玄関掃除、食器洗い、犬の散歩、
窓掃除、掃除機かけ……　　　　　　　風呂掃除
　　　　　　　　　　　　　　　　　　食器洗い

〈キーワード表例〉

2で示した手順で作成したキーワード表は次のようになります。

まとめ	なか2	なか1	〈まとめの表〉	新聞取り	食器洗い	風呂掃除	ゴミ出し	くつならべ	（例）食器並べ	〈なか〉
めんどうである	食器洗い	風呂掃除								

〈キーワード表〉

例を参考にして、テーマ「家の仕事」で自分のキーワード表を作ってみましょう。

まとめ	なか2	なか1	〈まとめの表〉					〈なか〉

3 » キーワード表の確認

　自分が作ったキーワード表を近くの人と見せ合い、「具体例（なか）」と「まとめ」の関係が正しく結びつくか、確認しましょう。何人かが黒板に書いて、全員で確認するのもよい方法です。

3

一次原稿を書く

|POINT| 「キーワード表」の「キーワード」を「文」にできれば、一次原稿の完成です。

1 » 原稿用紙をまず区切る

　小論文の骨組みとなる「キーワード表」ができたら、次は、これを設計図に当てはめます。そのために、原稿用紙のどこにどのくらい書くのか見通しをもつことが大事です。まず原稿用紙を線で区切ります。400字原稿用紙（20字×20行）に書く基本の分量は、2行、7行、7行、2行、2行です。原稿用紙のマス目の間に定規で線を引きましょう。

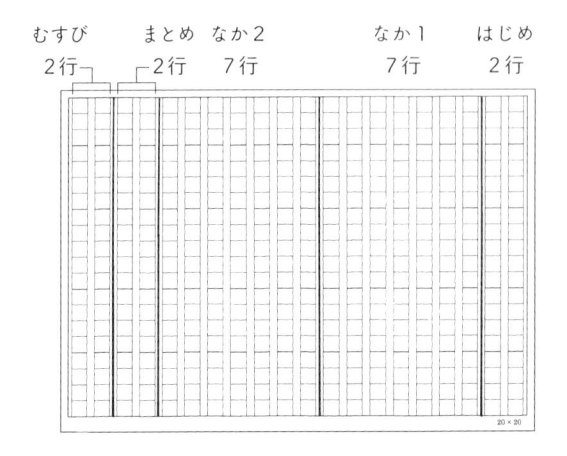

2 » 「キーワード」を「文」にする

　さあ、いよいよ「キーワード」を「文」にします。「まとめの表」に書いた「なか1」「なか2」「まとめ」を一文で書きます。えっ？　「はじめ」がない？　大丈夫です。一次原稿では「はじめ」と「むすび」は書かずにそのままにします。

　また、一文ずつなので原稿用紙は空白部分が残りますが、そのままにしましょう。

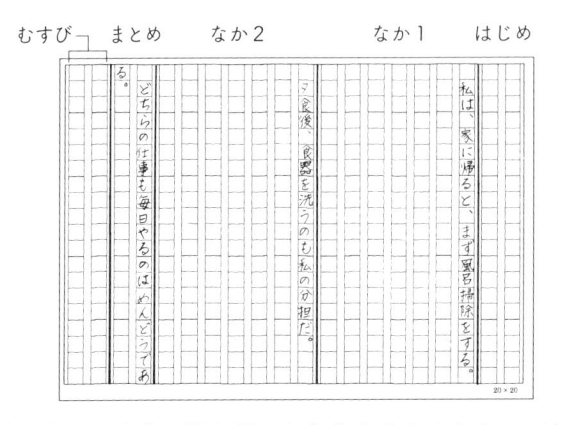

　上の例のように書けたら、文章の筋が通るかどうか確かめます。一次原稿を書く目的は、

一段落の中に一つのキーワードを入れることと、「なか」と「まとめ」が論理的につながっているのを確認することです。

3 》 小論文を書くときの注意

① 常体で書く

「です」「ます」と敬体で書かず、常体で書きます。

② 慣用句を使わない

慣用句を使うと文章の個性がなくなります。

×テストは楽勝だった。　⇒　○テストはやさしかった。

③ 「……して」「そして、それから」を使いすぎない

できごとを時系列に羅列すると、その文で何が言いたいのか書きたい中心がぼやけてしまいます。

×朝ごはんを食べて、トイレに行ってから、歯磨きをして靴を……

④ 事実を書く段落と意見を書く段落を区別する

事実を書く段落と感想や意見を書く段落を区別します。一緒に書いてしまうと、どこが事実でどこが自分の意見なのか分からない曖昧な文章になってしまいます。

「なか」は具体例なので事実を書き、「まとめ」「むすび」には具体例をまとめた性質や感想、それに基づく自分の意見を書きます。

○ 事実と意見を区別している例	× 事実と意見が区別できていない例
帰りの電車の中で二人の先輩の隣に座った。お二人の話は読書のことになり、「風と共に去りぬ」「赤と黒」「ブラック・ボーイ」などの話が尽きなかった。私はそれまであまり本を読んでいなかった。 お二人の読書量を知ってとても恥ずかしく思い、「ようし、帰ったらたくさん本を読むぞ。」とひそかに意欲を燃やした。	帰りの電車の中で二人の先輩の隣に座った。お二人の話は読書のことになり、「風と共に去りぬ」「赤と黒」「ブラック・ボーイ」などの話が尽きなかった。それまであまり本を読んでいなかったので、お二人の読書量を知ってとても恥ずかしく思い、「ようし、帰ったらたくさん本を読むぞ。」とひそかに意欲を燃やした。 ※ゴシック部分が感想

4

二次原稿を書く

1 ≫ 実は、書く順番が重要です

「はじめ」から書いてはいけません。小論文のポイントは「まとめ」と「具体例」がつながっていることです。そのためには、次の順序で書くと、書きやすくなります。

「なか2」→「なか1」→「まとめ」→「むすび」→「はじめ」→題名

また、一次原稿と同様に、原稿用紙は無理して全部埋める必要はありません。

むすび	まとめ	なか2	なか1	はじめ	題名
を減らしたい。 家事は大変な仕事なので分担し、母の負担	やるのはめんどうである。 どちらの仕事も丁寧さが必要であり、毎日	うので、それ以外に大皿を使う。お椀や茶碗も使 り、それ以外に大皿を使う。お椀や茶碗も使 家は七人家族だから、小鉢、小皿は人数分あ 夕食後、食器を洗うのも私の分担だ。私の 種類別に……略	に、棚をスポンジでこする。シャンプー類を 洗剤をふたと浴槽にかけて三分置いておく間 私は、家に帰ると、まず風呂掃除をする。 横にずらして、洗わないところがないように ……略	る。 私は妹と交替で、次の二つの仕事をしてい	必要な仕事 （20字×20行の例）

2 ≫ 「はじめ」「まとめ」「むすび」を書くときの技術

① 「はじめ」には感想・意見を書かない

　　× 　実習に行って三日目に遠足に行ったが、いい思い出になった。

　　○ 　実習三日目の11月5日には遠足に行った。

　読み返して意見や感想が入っていたら書き直します。

② 「むすび」（主張）は、「まとめ」の個人的な考察が、「多くの人に共通すること（一般化）」を述べる

　　（まとめ）　お母さんが留守でさびしかった。

　　　　　　　　↓

　　（むすび）　家族の大切さが分かる。

③　「題名」は、小論文全部を書いた後、「まとめ、むすび」のキーワードから選ぶ

　例　○必要な仕事　○家族の役割　×家の仕事について　×がんばる

3≫「なか1・なか2」を詳しく書くための技術

①　地名・人名・書名・時刻・色・個数・品名・値段を具体的に書く

　　×　この夏、旅先で友達と会った。

　　○　8月9日午後2時ごろ、新千歳空港で山田さんと会った。

②　会話文は、小論文では改行しないで、続けて書く

　　×　休み時間に、

　　　　「大川君はすぐ職員室に来なさい。」

　　　　と、放送で呼ばれた。

　　○　休み時間に、「大川君はすぐ職員室に来なさい。」と、放送で呼ばれた。

③　場面の中心を決めて、詳しく書く

　　×　校門を入るとフランクフルトを焼く匂いがした。音楽が鳴り、綿菓子や焼きそば
　　　の呼び込みをやっている人に声をかけられた。クレープを焼く甘い匂いもしていた。
　　　校門の学園祭の看板には風船が飾られて、秋らしい飾りが付いていた。学内の企画
　　　には映画や写真展もあった。学園祭にはぴったりの天候で……

　　○　学園祭の看板がかかっている校門を入ると、映画や写真展の企画のポスターが目
　　　に入った。通路の両側に模擬店が並び、フランクフルトやクレープを焼く匂いがし
　　　た。綿菓子や焼きそばの呼び込みの人の声もして、多くの人が店をのぞいていた。
　　　模擬店の中には、売り上げの一部を被災地の支援にすると……

④　「なか1」「なか2」に時間がつながっている例を用いると、一つの例と判断されるの
　　で、異なる二つの例を用いて書く

　　×　なか1　騎馬戦の1回戦では

　　　　なか2　騎馬戦の2回戦では

　　○　なか1　騎馬戦では

　　　　なか2　大玉送りでは

⑤　「たとえ・比喩・名句」は事実ではないので「なか」には書かない

　　×　今回の合宿は忍耐の連続だった。

　　○　今回の合宿では、朝8時から午後5時のうち二度休憩しただけで、ディベートの
　　　練習が続いた。

5 小論文の評価を知ろう

|POINT| 「二次原稿」が書けたら、次の観点で自分の小論文を評価してみましょう。

1»一段落一事項を意識して書いているか

　一つの段落に一つの内容を書けたかを確かめます。一段落に複数の事項が入り込んでいないか、確かめましょう。行数が余ったからといって別の事項を書き加えてはいけません。

2»一段落に一つのキーワードがあるか

　自分の書いた小論文の段落ごとのキーワードを確認します。そのキーワードを中心にして書けているかどうか、読み返しましょう。単なる事実の羅列でなく、中心が明確か、確認しましょう。

3»「まとめ」と「むすび」は「だから」でつながるか

　「なか」と「まとめ」の筋が通っていても、「はじめ」と「むすび」が加わると、論理がずれることがあります。「むすび」は「まとめ」の一般化であり、「まとめ」を基にした主張になります。「だから」でつながれば、筋が通っています。「だから」と書かなくても分かる方がより論理的です。

例①　まとめ　　楽しかった。

　　　むすび　　（だから）また行きたい。

例②　まとめ　　適度の運動でリフレッシュできる。

　　　むすび　　（だから）運動は健康の保持につながるので、続けるべきだ。

4»誤字・脱字はないか

　必ず、誤字・脱字を確かめましょう。確認のためには音読をします。さて、次の文を黙読してみましょう。

　ネアンデルタール人の生存していた時代、多くのネアンタルデール人の主な食糧となっていたのは……

　間違いに気づきましたか。片仮名の言葉の二つ目「ネアンタルデール人」をもう一度よく見てください。平仮名や片仮名では特に、最初と最後の文字が合っていれば、途中が違っていても黙読では気づきにくいといわれます。（間違いに気づいた人は注意力がありますね。）一音一音声に出して読み、書き間違いを見つけたら直しましょう。

Check!　ここからは、上級者編です！

5 ≫「まとめ」に合う具体例として選んだ「なか」が効果的かどうか

　さて、皆さんは上級者です。

　「まとめ」につながるように「なか」が具体的に書けていればそれでよいというわけではありません。小論文で大事なのは、読み手を納得させることができるかどうかです。

　説得力のある「なか」を選べているかどうかを確かめます。

（練習１）次の「まとめ」に対して、より適切な「なか」を二つ選び、（　　）に書きましょう。

① 　まとめ：駅前の環境はよくない。　　　　　　（　　　　　）（　　　　　）

　　　　ア　ごみのポイ捨てが多く、空き缶やペットボトルも落ちている。雨の日は
　　　　　　ごみですべってしまうこともある。

　　　　イ　放置自転車があり、駐輪禁止の札が付けられている自転車もある。駅前
　　　　　　にたまらないように、係の人がすぐに移動していることもある。

　　　　ウ　「禁煙」のポスターのそばにタバコの吸殻が多い。小学生が作成した受
　　　　　　動喫煙防止のポスターのそばには吸殻がない。

　　　　エ　道に駐車違反をして停める車をよく見かける。昨日は、歩道に乗り上げ
　　　　　　て駐車している車があり、歩行者が車道を通っていた。

　　　　オ　歩いていて自転車とぶつかったことがある。自転車が歩道を猛スピード
　　　　　　で走って来たので、もう少しで大怪我をするところだった。

② 　まとめ：日本の農地が減少している。　　　　　（　　　　　）（　　　　　）

　　　　ア　自宅の前にあった畑には梅の木が数本植えてあり、夏には梅の実がとれ
　　　　　　た。しかし、昨年冬に駐車場に変わってしまった。

　　　　イ　農林水産省の統計では耕地面積のうち田の面積が平成25年度から5年
　　　　　　間で6万ヘクタール減少している。

　　　　ウ　農林水産省の統計では北海道の一戸当たりの経営耕地面積が、平成22
　　　　　　年度から8年間で5ヘクタール以上増えている。

　　　　エ　北海道の調査によれば、平成2年から平成24年までの全国の耕地面積
　　　　　　の減少と同様、北海道の農地面積も減少している。

　　　　オ　日米の耕地面積を比較すると、アメリカの農地が広いのは誰でも知って
　　　　　　いる。広い農地の映像をテレビで見たことがある。

6

頭括型・双括型・尾括型

|POINT|　筋道が通れば、アレンジは可能です。

1 ≫ 文章の内容を統括するのは結論＋まとめ

　論理的に述べるための基本的な文章構成は、下の図のように「序論・本論・結論」です。この中で文章の内容を統括する部分は、図の灰色部分（結論と「まとめ」）になります。文章の内容や目的によっては、この位置を変えるアレンジが可能です。

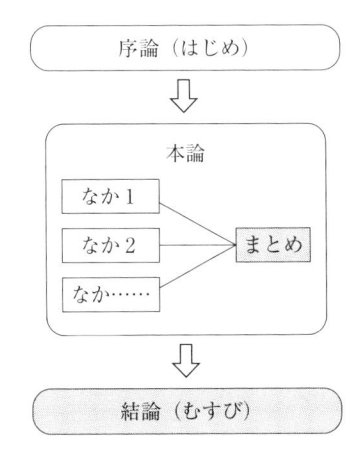

2 ≫ 文章構成の比較

① 尾括型

　基本的な構成は尾括型です。本論で述べた具体例をまとめて考察し、主張につなげて締めくくります。

例

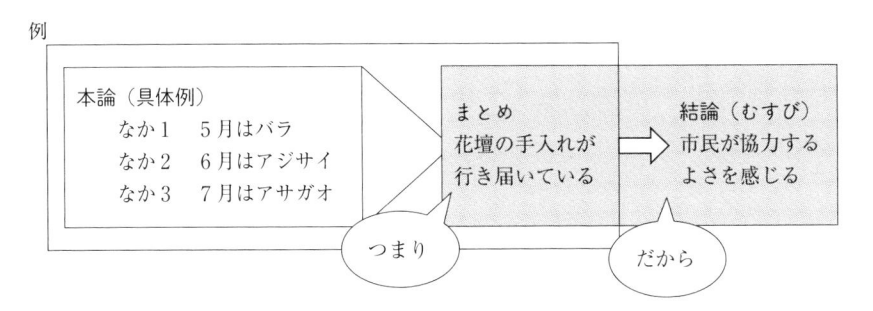

② 頭括型

　頭括型は、冒頭で結論（むすび）を述べた後、その根拠となる事実と考察を述べる文章構成です。自分の意見を明確に示して例を挙げて説明するときの文章構成として、よく使われます。

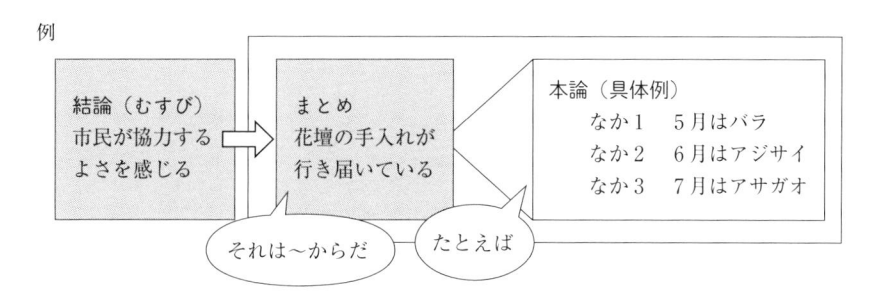

③ 双括型

　双括型は、冒頭で結論（むすび）を述べた後、その根拠となる事実や考察を述べ、最後に再び結論を書いて締めくくります。

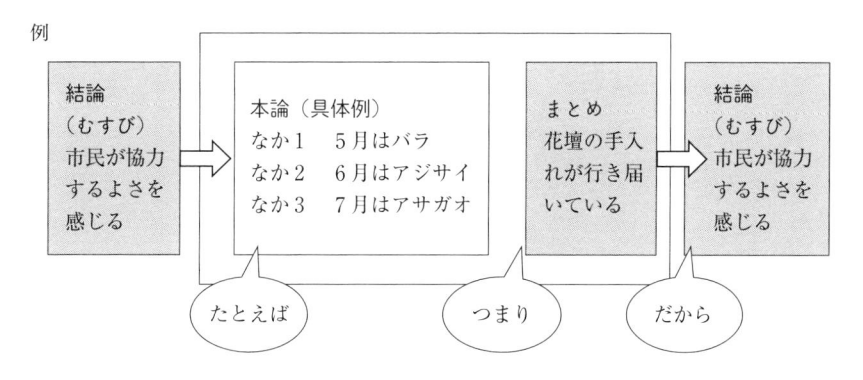

　他にも、具体例を先に述べて、読者や聞き手に関心をもたせてから、序論、本論、結論と述べていく文章構成もあります。基本の文章構成がしっかり身についていれば、目的や内容によって並べ方をアレンジすることができます。

7

要約(1)〜キーワードをつなげば要約ができる〜

1 » 論理的文章では要約！

「要約」と聞いて、「え？　主題？」と思った人は、まだ文学的文章と論理的文章の区別が曖昧な人です。第Ⅰ章に戻って確認しましょう。

要旨について『国語教育大事典』では、次のように説明しています。

> 要旨：筆者が文章で取り上げている内容あるいは肝要な趣旨。筆者の考えの中心となる事柄で、文学作品における「主題」に対して、論理的文章で用いられる用語。
>
> （『国語教育大事典』1988、明治図書出版）

小学校学習指導要領では、要旨を捉えるのは小学校高学年の内容であり、中学校の学習につながるとされています。要旨を捉えるためには、文章に書かれた事実と意見の内容をよく理解し、文章全体として何を言いたいのかを読み取ることが必要です。

要約について、『小学校学習指導要領（平成29年告示）解説　国語編』では次のように説明しています。

> 要約するとは、文章全体の内容を正確に把握した上で、元の文章の構成や表現をそのまま生かしたり自分の言葉を用いたりして、文章の内容を短くまとめること。文章の内容を端的に説明するといった要約する目的を意識して、内容の中心となる語や文を選んで、要約の分量などを考えて要約することが重要である。
>
> （下線引用者、文部科学省、2018、p.110）

つまり、要約は内容の中心となる語や文を選び、文章を短くまとめる技術です。要約したことを基に、既知の知識や経験と結び付けて自分の考えを形成したり、表現したりするために必要な技術だといえます。論理的文章を読んだり書いたりする上で、文章を要約する力は大変重要です。

2 » 内容の中心となる語や文を見つけて要約する

目的や必要に応じて、文章の内容を自分の言葉でまとめる要約もありますが、文章の中心となる語句や文を見つけて要約する技術を、まず身につけましょう。

> Check!　文章の中心となる語句や文＝文章のキーワード・キーセンテンス

3 » キーワードをつなげる

文章のキーワードを見つけてつなげれば、文章の要約ができます。

練習1　次の文章のキーワードに線を引きましょう。また、そのキーワードを下の（　）に書き入れてつなげて読みましょう。

題名	はじめ	なか1	なか2	まとめ	むすび
言葉は文化遺産	旅先の駅で土地の方言を聞いて、石川啄木の短歌「ふるさとの訛なつかし……」を思い出す人も多いだろう。	津軽では「どさ」「ゆさ」で話が通じるという。「どこへ行くの？」「お風呂へ」という意味だ。一説には、寒いので口を開けなくても通じるように、言葉が発達しているそうだ。	茨城でよく知られるのは、語尾に「だっぺ」をつける言い方だ。「今年は米が豊作だっぺ（だろう）」「んだっぺ（うん）」となる。昔、京都地方を中心に使われていた「にてあるべし」が東日本に伝わる際に、「だるべい」「だんべい」「だっぺ」と変化した言葉の名残だともいわれる。	日本各地の方言には、その言葉が成立した背景がある。	言葉はその土地の文化遺産だといえる。

はじめ	なか1	なか2	まとめ	むすび
（　）には	（　）の方言や	（　）の方言のように、	それぞれの（　）があり、	（　）だといえる。

段落のキーワードをつなげるには、太字のように、段落の役割を考えたつなぎ言葉が役立ちます。文章の段落構成を理解し、キーワードを見つける技術が大事になります。

8

要約(2)〜要約ができたら使ってみよう〜

|POINT| 要約に自分の知識や経験を加えて、説得力のある「具体例」を書きましょう。

Check! ここからは、上級者編です！

練習1 段落のキーワードを下の四角の（　　）に書き、要約を完成させましょう。

ウォーキングの効果

健康のためにウォーキングを習慣にしている人が多い。特に最近では、夕方のウォーキングが注目されている。

ウォーキングを行うと、体にたまった疲れを取ることができ、質のよい睡眠につながるといわれる。特に、夕方は一日の中で体温が一番高くなるので、夕方のウォーキングによって血行がよくなる。

また、夕方にウォーキングを行うことで、一日のストレスをリセットできる効果があることが知られている。リズミカルで適度な運動によって、セロトニンの分泌が促され、精神的によい効果がある。一日のストレスを翌日にもちこさずにすむというわけだ。

夕方のウォーキングには、人がリフレッシュできる利点がある。

適度に続けることで、体も心も健康な状態を保つことができる。

	なか2	なか1	はじめ
	（　）一日のストレスをする効果があるので、	（　）がよくなり、	（　）は、

むすび	まとめ
体も心も（　）ことができる。	（　）できる。

練習2 前頁で書いた要約に、自分の知識や経験を付け加えて、一つの事例をくわしく書く練習をしてみましょう。ここでは下の例を参考にして、一つの事例を次の三段落で書いてみましょう。

① 参考文献の紹介

② 要約

③ 自分の知識や経験

③ 自分の知識や経験	② 要約	① 参考文献の紹介（例）
確かに、私が夕方に犬の散歩をしていたときは、……	赤城（二〇一六）は、夕方のウォーキングによって、……要約……（四五頁）と述べている。	夕方のウォーキングの効果について、『歩いて健康』という本に分かりやすい説明があった。

※ 前頁の「ウォーキングの効果」は練習問題用に作成した文章です。架空の赤城歩という人が、2016年に出版した著書『歩いて健康』の45頁に掲載された文章と想定しました。

9

文章から引用して書く(1)〜引用のしかた〜

|POINT| 引用は、正しくない方法で行うと「盗用」になってしまいます。注意!!

1 ≫「剽窃」は「ご法度」です

レポートを書くとき、剽窃（ひょうせつ：他人の著作物の出典を明らかにせず自分のものとして発表すること）は絶対にしてはなりません。人の著作を盗んで使用する行為に見なされます。「図書館の本よりネットが簡単だ」と言って手軽に調べ、そのままの文章をコピーして使ってしまう"コピペ"もいけない行為です。

2 ≫引用は正しく行えば具体的事例となる

① 出典を示す

他の人が書いた文献や資料は出典を示せば「事実」と見なされ、レポートや論文に使うことが認められています。引用した情報（書名・論文のタイトルや掲載誌名、頁数など）の出典を必ず明示する必要があります。

② 他人の研究成果と自分の研究内容を区別する

他の文献からの引用部分と自分の文章は明確に書き分けます。自分が書いたものであっても、過去の研究成果と今書いている文章とは区別する必要があります。

③ 引用文献全体の長さは全体の2割まで

先行研究や発表がどんなにすばらしくても、使ってよい上限があります。長すぎは認められません。引用文献全体の長さは自分の原稿の2割程度までです。

④ 複数から引用する

ある授業で1冊の著作についてレポートを書く課題が出たような場合を除き、1冊の著作や1篇の論文だけから引用することはしません。複数の文献から引用します。

3 ≫引用した部分は自分が書いた文章や自分の考えと区別する

引用で、多く用いられているやり方を次に示します。

(1) 短い引用（2行以内）の示し方：そのまま転記し、「　」で囲む

➡ 2行以内であれば、引用する文を「　」の中に転記し、本文に入れます。

> 論理的な文章を書く上で、文章構成は重要である。「筋の通ったキリッとした文章を書くためには、基本的な型通りの文章を書く練習をすればよいのである」（市毛、1997、p.35）という指摘は、文章の書き方の新しい視点を示した。

この例では『〈市毛勝雄著作集〉第5巻　作文の授業改革論』の一部分を「　」の中に

そのまま転記しました。引用の場合、句読点、旧仮名遣いや誤字もそのまま直さずに転記します。また、「　」で囲む引用部分では、引用の最後が文末になって句点で終わっても、最後の句点はつけずに「　」の中に書きます。「　」の後に（著者名、出版年、頁）を示します。その上で、レポートや論文の最後に参考文献として出典（著者名、出版年、書名、出版社など）を明記します。参考文献は著者名の五十音順に列挙します。

(2)　長い引用（３行以上）の示し方：２字〜３字下げてそのまま転記する

　　３行以上の長い引用の場合は、本文より２字〜３字下げてそのまま転記します。次の例では、『作文の授業改革論』の本文を数行にわたって引用し、さらに引用の前後を１行ずつあけています。

> 　論理的な文章を書く上で、文章構成は重要なポイントである。市毛は文章構成の重要性について次のように説明している。
>
> 　　　文章の型（形式）とは個性を奪う悪者ではない。いろいろな文章に見られる多様な型は、それぞれの領域でたくさんの試行錯誤の結果得られた、便利で確実で安全な思考のワク組みである。個性を発揮するとしたら、取り上げる材料の新鮮さ、そして常識に挑戦する新しい主張などによってである。
> 　　　こういうわけで、筋の通ったキリッとした文章を書くためには、基本的な型通りの文章を書く練習をすればよいのである。（市毛、1997、p.35）
>
> 　文章構成が重要かという点に着目した指摘は、新しい書き方の視点を示した。

　　次のように、文字の大きさを小さくすることも行われます。次の例では、引用を２字下げて文字の大きさを小さくした上で、さらに引用の右側を２字あけて書いています。

> 　論理的な文章を書く上で、文章構成は重要なポイントである。市毛は文章構成の重要性について次のように説明している。
>
> 　　　文章の型（形式）とは個性を奪う悪者ではない。いろいろな文章に見られる多様な型は、それぞれの領域でたくさんの試行錯誤の結果得られた、便利で確実で安全な思考のワク組みである。個性を発揮するとしたら、取り上げる材料の新鮮さ、そして常識に挑戦する新しい主張などによってである。
> 　　　こういうわけで、筋の通ったキリッとした文章を書くためには、基本的な型通りの文章を書く練習をすればよいのである。（市毛、1997、p.35）
>
> 　文章構成が重要かという点に着目した指摘は、新しい書き方の視点を示した。

10

文章から引用して書く(2)〜引用のテクニック〜

|POINT| 引用のテクニックは続々続々続きます！　まずは基本をマスターしましょう！

1» 続々続々テクニック　Q&A

① 文章の途中を省略する場合

〔中略〕や〔……〕と表記します。

② 引用のうち、一部分を強調するために傍線を引く場合

引用に傍線を引いたり、波線を引いたりしてもよいことになっています。ただし、転記した文に手を加えているので、手を加えたことを明らかにする必要があります。

➡ （市毛、1997、p.35）

↓

（傍線筆者、市毛、1997、p.35）　　　と、します。

③ 同姓の別人の同じ年の文献を取り上げる場合

姓の後に名前のはじめの文字を書いて、別人だということが分かるようにします。

同年の市毛勝雄と市毛健の文献を使う場合には

➡ （市毛勝、1997、p.35）

（市毛健、1997、p.59）　　　　　　と、します。

④ 同じ人の同年の別の文献を引用する場合

市毛勝雄の別の文献を引用する場合には、姓の後にaやbを書き、どの文献を引用したかが分かるように区別します。

（市毛a、1984、p.45）（市毛b、1984、p.251）

⑤ 要約して記述する場合

➡ 「　　」で囲まず、頁番号や脚注番号を書く

長い文章を要約して記述する場合には、「　　」で囲まずに書き、要約の最後に頁（p.35）を書いて本文とは区別します。

> 文章構成を基にして書くと、これまでの論理的文章の書き方とは変わってくる。市毛（1997）は、文章構成は没個性の文章ではなく、論理のワク組みであるから、キリッとした文章を書くためには文章構成が必要だ（p.35）と説明し、文章構成に着目することによって論理的な文章が書けるようになると示した。

2 >> 参考文献の探し方

インターネットは大変便利で手軽です。つい、何事もインターネットで調べて済ませたくなります。しかし、その前に基礎的な文献を必ず読みましょう。

テーマについて辞書や百科事典でまず調べ、その分野の先行研究に当たる必要があります。また、先生に紹介された参考文献に目を通すことも大事です。本は購入するのが望ましいですが、高額で全部を買えない場合は、図書館で借りて読み、必要な部分をコピーしたり書き写したりして引用しましょう。こうした勉強の仕方を身につけることこそ、実は大変重要なのです。

基礎的な文献を確かめたら、次は、書籍以外の先行研究や情報をインターネットで集めることもやってみましょう。多くの論文があってよく使われるのは、次の三つです。どのサイトも、著書や論文を幅広く検索することができます。

① CiNii（サイニー）Articles（国立情報学研究所）　　　https://ci.nii.ac.jp
② 国立国会図書館　　　　　　　　　　　　　　　　　http://iss.ndl.go.jp
③ Google Scholar（グーグルスカラー）　　　　　https://scholar.google.co.jp

3 >> 引用について分かりやすく書かれている参考文献

この本で紹介した引用の仕方は、次の本を参考にしています。大変詳しく書かれていますので、一度手にとってよく読むことを薦めます。

① アメリカ心理学会（APA）（前田樹海、江藤裕之、田中建彦訳）（2011）『APA（American Psychological Association）論文作成マニュアル　第2版』医学書院
② 小笠原喜康（2018）『最新版　大学生のためのレポート・論文術』講談社現代新書
③ 佐渡島紗織、坂本麻裕子、大野真澄編著（2015）『レポート・論文をさらによくする「書き直し」ガイド』大修館書店

11

参考文献・注の書き方

|POINT| 引用の仕上げは、参考文献と注の書き方です！　もうひとがんばり!!

1 » 注をつけてみよう

本文中の記述に欄外の補足説明が必要な場合は、文中に（注番号）だけ書いておき、レポートや論文の最後に注釈として、番号順に説明を入れます。

> 伝統的な言語文化の指導法についての増田の模擬授業（注1）をもとに、小学校での指導法が話し合われた。ポイントを絞って指導することで、伝統的な言語文化を楽しむ素地が養われる、児童は大変楽しそうに授業を受けていたという指摘があり、参加者の関心が集まった。

この例は、ここに発表内容を入れずに続けた方が分かりやすいため、発表内容は（注）となっています。注釈は頁ごとや各章の終わりに載せる場合もあります。

注釈の書き方例

> 注釈
>
> 1　増田泉（2017）「伝統的な言語文化はポイントを絞って指導する」日本言語技術教育学会名古屋大会で、小学校4年生を対象に短歌に親しむ指導の模擬授業を行った。近代の短歌6編を、一時間で指導する提案である。

2 » 引用した参考文献の書き方

引用の仕方によって、参考文献の書き方が変わってきます。ここでは、前頁の引用で、文中に（市毛、1997、p.35）とした場合の参考文献の書き方のうち、著作、論文、雑誌（新聞）、インターネット資料についての書き方を示しました。

レポートや論文の最後に参考文献として、出典（書名、出版年、出版社など）を明記し、著者名の五十音順に列挙します。要約した場合も同様に参考文献を書きます。

① 著作：著者（または編者）、発行年、書名、出版社
　　市毛勝雄（1995）『市毛勝雄著作集　第5巻　作文の授業改革論』明治図書出版
　　長谷川祥子編著（2018）『はじめて学ぶ人のための国語科教育学概説　小学校』明治図書出版
② 論文：著者、発行年、題、論文集の名称、巻・号、論文集のうちのどの頁か
　（頁が複数の場合は pp.24-27、1頁の場合 p.24 となる）
　　篠原京子（2017）「言語活動から言語技術へ」『言語技術教育』27号、pp.24-27

③ 雑誌：著者、発行年・発行月（新聞では年月日）、題名、雑誌名、号、どの頁か

　増田泉（2018.5）「表現の特徴を一点にしぼって確認する」『教育科学国語教育』
　　　　No.821、pp.76-79

④ インターネット資料：著者、発表年、題名、全体の題名、どの頁か、URL、入手日

　篠原京子（2000.8）「作文指導法の研究：論理的思考力・表現力の育成」『全国大学国
　　　　語教育学会発表要旨集』No.98、pp.22-25

　　　　http://ci.nii.ac.jp/naid/110006369289（2018.11.3入手）

3 ≫ 参考文献が2行になってしまったら？

　参考文献が2行以上の場合は、①③④のように2行目以下を3文字程度下げます。

　また、参考文献の示し方には他の形式もあるので、求められている形式を確認して書く
ことが重要です。『APA（American Psychological Association）論文作成マニュアル
第2版』や「SIST（科学技術情報流通技術基準）」には、たいへん詳しい書き方が示され
ていますので、ぜひ確認しましょう。

4 ≫ 参考文献を示す順序

　引用した部分に（市毛、1995、p.35）と書く形式では、レポートや論文の最後に参考文
献を五十音順で書きます。注の説明は、注釈として別項目を立てます。

注釈

1　増田泉（2017）「伝統的な言語文化はポイントを絞って指導する」日本言語技術
　　教育学会名古屋大会で、小学校4年生を対象に短歌に親しむ指導の模擬授業を行っ
　　た。近代の短歌6編を、一時間で指導する提案である。

2　……　　　（他の注について、番号順に書く。）

参考文献

　市毛勝雄（1980）『主題認識の構造』明治図書出版

　篠原京子（2000.8）「作文指導法の研究：論理的思考力・表現力の育成」『全国大学
　　　　国語教育学会発表要旨集』No.98、pp.22-25

　　　　http://ci.nii.ac.jp/na id/110006369289（2018.11.3入手）

　篠原京子（2017）「言語活動から言語技術へ」『言語技術教育』27号、pp.24-27

　長谷川祥子編著（2018）『はじめて学ぶ人のための国語科教育学概説　小学校』明
　　　　治図書出版

　増田泉（2018.5）「表現の特徴を一点にしぼって確認する」『教育科学国語教育』
　　　　No.821、pp.76-79

12

小論文応用編(1) ～文章構成～

|POINT| さあ、ここからが本番です！　基本の文章構成は多様に応用できます。

1≫基本の文章構成「はじめ」「なか１」「なか２」「まとめ」「むすび」を使います

① 基本編

基本の文章構成は400字小論文の例です。

はじめ（序論）	なか１（本論：具体例１）	なか２（本論：具体例２）	まとめ（本論：具体例の考察）	むすび（結論）
２行 40字	７行 140字	７行 140字	２行 40字	２行 40字

② 1200字小論文の例

　800字で書く場合は分量を２倍にし、1200字、1600字の場合も同様に分量を増やせばよいわけです。下の図は1200字小論文の例です。あくまで目安なので、文字数の多少の増減は可能です。

はじめ（序論）	なか１（本論：具体例１）	なか２（本論：具体例２）	まとめ（本論：具体例の考察）	むすび（結論）
６行 120字	21行 420字	21行 420字	６行 120字	６行 120字

③ 「なか」が三つの例（1200字小論文の場合）

　分量を単に増やすだけでなく、下の図のように、「なか１・なか２」の他に具体例を一つ増やして「なか３」まで書くと、説得力が増します。内容や目的に応じて具体例をどのように選んで書くかがポイントになります。

はじめ（序論）	なか１（本論：具体例１）	なか２（本論：具体例２）	なか３（本論：具体例３）	まとめ（本論：具体例の考察）	むすび（結論）
６行 120字	14行 280字	14行 280字	14行 280字	６行 120字	６行 120字

2 » 入れ子型　なか・まとめ＋なか・まとめ＋なか・まとめ……を繰り返す

　大学の提出課題の文字数は、一般に2000字から4000字程度です。卒業論文はさらに長くなり、20000字から40000字になります。その場合には多くの具体例が必要になるので、「全体のまとめ」に結びつくように、いくつかの具体例をまとめた「小まとめ」を書きます。下の図のように、自分の主張を述べるための 具体例と考察 （「なか」と「小まとめ」）を複数準備した、「入れ子型」の文章構成にします。

40字×90行　3600字の場合の例

はじめ 6行 240字	なかa1 10行 400字	なかa2 10行 400字	まとめa（小まとめ）4行 160字	なかb1 10行 400字	なかb2 10行 400字	まとめb（小まとめ）4行 160字	なかc1 10行 400字	なかc2 10行 400字	まとめc（小まとめ）4行 160字	まとめ（全体のまとめ）6行 240字 まとめa・まとめb・まとめcの考察	むすび 6行 240字
序論	本論：具体例1	本論：具体例2	本論：なかa1・なかa2の考察	本論：具体例1	本論：具体例2	本論：なかb1・なかb2の考察	本論：具体例1	本論：具体例2	本論：なかc1・なかc2の考察	考察	結論
	なかa			なかb			なかc				

　基本の文章構成を基にすれば、400字×100枚で卒業論文を書く際にも活用できます。長い論文の場合は、具体例a、b、cだけでなく、d、e……と、それだけ書く内容が多くなっていきます。また、一つの具体例が長くなるので、詳しく説明することができます。論文によっては、「なかa1、なかa2、まとめa」を第一章、「なかb1、なかb2、まとめb」を第二章とすることがあります。また、他に「節」や「項」でまとめる場合もあります。

13

小論文応用編(2)〜文献を用いた具体例の書き方〜

　ここでは77頁の上級者編で紹介した「入れ子型」の「なか」の書き方を詳しく説明します。

　76頁で、1200字の小論文を書く場合には具体例a、b、c……のように「なか」の数を増やすと説明しました。また、77頁で、「入れ子型」の小論文を書く場合には、右の表のように「なかa」を「なかa1、なかa2、まとめa」で構成すると説明しました。これなら、長文でも、途中に小さな「まとめ」があり、分かりやすくなります。20000字の卒業論文にも活用できる書き方です。

　この頁では、さらに、「なかa1」を分割して考える書き方を紹介します。

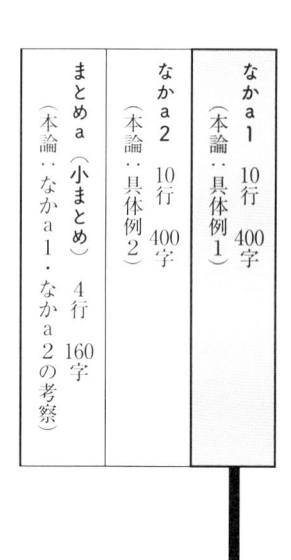

なかa1	なかa2	まとめa（小まとめ）
（本論：具体例1）10行 400字	（本論：具体例2）10行 400字	（本論：なかa1・なかa2の考察）4行 160字

1≫「なか」＝資料の紹介＋資料＋資料の考察

　他人の文章を引用したり要約したりして、具体例として書くことができます。70頁で述べたように、「事実と見なされるもの」に該当するからです。三つの部分に分けて書きます。

　①　資料の紹介

　　　　何の資料を示すのか概要を書く

　②　資料

　　　　他人の文献や表・グラフ・写真などを資料として用いる

　　　　各省庁が出している統計資料や研究者の先行研究なども含まれる

　③　②の資料の考察

　　　　②の資料が自分の主張とどう関係するか

　　　　②の資料と関係のある自分の経験や既知の知識

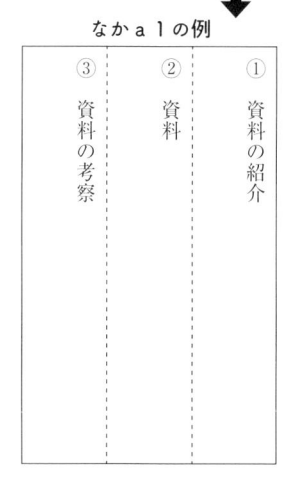

なかa1の例

③ 資料の考察	② 資料	① 資料の紹介

2 ≫「なかa1」の例　資料の紹介＋資料＋資料の考察

　「幼児期におけるしつけ」のテーマで書くために、岡本夏木『幼児期』を引用して書いた前頁「なかa1」の例です。「なかa1」を三つの部分に分けて書いています。

③ 資料についての考察	② 資料（引用・要約・図・グラフ・写真など）	① 参考文献の紹介
「愛着対象」となる「好きな人」の存在によって、子どもの不安が取り除かれ、新たな体験を求めることができるといえる。	その人は、子どもと相互に相手の心をもっともよく「読み取り」合う人……（中略）……子どもが未知の状況に踏み込んでゆく時の不安を和らげ、勇気を補給する基地としての役割を果たしてくれる人となってゆきます。（岡本、二〇〇五、三六頁）	岡本は幼児期にしつけを成立させる条件の第二に「愛着対象」の成立し、「安定基地」となる人の必要性について、次のように説明している。

3 ≫ 資料の考察には、「小まとめ」として、経験や知識を合わせてもよい

　上の文章の③に、<u>自分の経験や知識</u>を合わせて書く方法もあります。合わせて書くと説得力が増します。

　例）

　　<u>確かに、自分と弟だけが児童館や友達の家に行くと弟は自分の後ろに隠れて何もしなかったが、母が一緒だと児童館や友達の家などのはじめての場所でも楽しそうに過ごすことができていた。</u>「愛着対象」となる「好きな人」の存在によって、子どもの不安が取り除かれ、新たな体験を求めることができるといえる。

4 ≫「なかa1」の考察＋「なかa2」の考察＝「まとめa」

　上の文章は前頁の表の「なかa1」なので、この後に「なかa2」を書きます。その後、上の表③の考察と「なかa2」の考察とに共通する考察を「まとめa」として書きます。

14

小論文応用編(3)〜いよいよ書く〜

|POINT| **大きなテーマについて書くときは「入れ子型」の小論文が便利です。**

1»テーマについての資料を探す

「日本の方言」をテーマにして「入れ子型」の小論文を書いてみましょう。

自分の体験で書けると望ましいですが、それだけで書けるわけではありません。その場合、他人の文献や資料を用いて書きます。まず、資料探しから始めます。（資料の探し方は「文章から引用して書く(2)」73頁参照）

ここでは、次の3点の資料を皆さんが探したことにして学習を進めていきます。他に自分で探した資料があれば使ってもかまいません。

---

i　11頁「言葉は文化遺産」（著者作成）

ii　「危機的な状況にある言語・方言の実態に関する調査研究事業報告書」2011年2月文化庁委託事業

概要：2009年、ユネスコは世界の2500語が消滅の危機にあると発表したが、日本の方言も同様に消滅の危機にある。テレビやSNSの影響、人口推移や教育政策等による話者の減少が見られる。

iii　「しまくとぅば（沖縄の言葉）」についての調査　2014年2月沖縄県

概要：調査対象者……沖縄県在住20歳から79歳の男女1500人と
　　　　　　　　　　県内の小・中・高生1000人

調査名　……「しまくとぅば県民運動推進事業県民意識調査」

しまくとぅばをどう思うか……親しみがある80％

しまくとぅばが分かるか……分かる・ある程度分かる70％

（10代4％、40代13％、60代58％）

しまくとぅばを使う……主に10％、共通語と半々25％

挨拶程度23％、ほとんど使わない27％

※「しまくとぅば」は「沖縄の（島）言葉」という意味です。

2»探した資料の中から、主張を述べる上で適した資料を選ぶ

探した資料のすべてを文章にすることはできません。具体例「なか」には、探した資料の中から主張を述べる上で適した資料を選んで使います。上の3点の資料から、自分の小論文に使う資料を二つ選び、資料の番号を（　　）に書きましょう。

　　　　　　　　　　　　　　⇒　（　　　　）と（　　　　　）

3≫ キーワード表を作る←文章構成は「はじめ・なか１・なか２・まとめ・むすび」

　前頁 i と iii の資料を選んだ場合のキーワード（例）を下に示しました。それを参考にして、一番下の枠に自分のキーワードを書き入れて、表を完成させましょう。

段落	序論（はじめ）4行80字	具体例（なか1）14行280字	具体例（なか2）14行280字	考察（まとめ）4行80字	結論（むすび）4行80字
書き方	課題や事例、背景の提示	① 資料の概要　② 資料の説明（一部引用）　③ 資料の考察	① 資料の概要　② 資料の説明（引用）　③ 資料の考察	「なか1」「なか2」のまとめ（全体の考察）	自分の主張
キーワード（例）	日本各地に方言	「日本の方言」（一部引用）　言葉に背景がある	「しまくとぅば」（資料の説明）　方言は故郷と同義	方言は地域の文化	残す努力が必要
キーワード					

4≫ 一次原稿を書く　⇒　二次原稿を書く

　「序論（はじめ）」には、上の表の「書き方」の欄にあるように、「課題や事例、背景」などを提示します。例を示します。

　（課題）　転校生の方言を皆が笑ったが、方言を使うことは本当におかしいことなのか。

　（事例）　両親は鹿児島出身なので、外では共通語を話すが、家では鹿児島の方言を使う。

　（背景）　全国的に誰もが共通語を話せるのは、学校教育が共通語で行われるからだ。

（練習1）キーワード表を基に一次原稿を書き、続けて二次原稿を書きます。800字（20字×40行）で書きましょう。

15

小論文応用編(4)〜仕上げ〜

|POINT| 本文が書けたら、題名と参考文献を書いて仕上げます。忘れずに！

1 » 題名は内容を端的に示す

Check！　題名は、テーマや課題名ではないので注意しましょう。自分で決めます。

テーマや課題名をそのまま題名にはしません。題名と文章の内容が一致するように、小論文の「考察（まとめ）」や「結論（むすび）」のキーワードから選んでつけます。

80頁の「日本の方言」について書く小論文では、次の題名が考えられます。

①　方言を残す努力
②　日本語の方言存続の可能性
③　地方言語から共通言語への変遷の必要性

①②は方言の存続を肯定する主張、③からは方言より共通語の使用を当然と考える主張であることが分かります。このように、論理的文章の題名には、本文の内容を端的に示す役割があります。文学作品のように、詩的な題名をつけることはしません。

ワードなどの文書作成ソフトで作成して提出する場合には、1枚目の上部分5行程度に、題名と学籍番号、氏名を書くように指示されることが多いです。題名は本文とは異なるフォントにするよう指示される場合もあるので注意します。

2 » 参考文献を忘れない

文章の末尾に参考文献を必ず書きます。本文から1行あけて「参考文献」と書き、その後に、74頁の「参考文献・注の書き方」の規則を守って書くようにします。

3 » 表紙をつける

3頁以上の文章には表紙をつけることが多いです。学籍番号、氏名、題名、必要があればレポートの要約を4〜5行程度書きます。横書きなら表紙も横書き、縦書きなら表紙も縦書きです。提出する先に確認します。

内容によっては、日本語の要約に加えて、英文の要約をつける場合もあるので、形式を確認する必要があります。

4 » 書式を確認する

文字のフォントの指示があるのが一般的です。書き方の形式は重要なので、書き始める前の確認が必要です。面倒だと思わずに、指定された形式に従って書きます。

また、番号の付け方（漢数字なのか、算用数字か、「１、２、３……」の次の番号は「(1)(2)(3)……」なのか「①、②、③……」なのか）や、番号から何字下げて本文を書くかなど、細かく指示される場合があります。

Check!　さあ、短い文章でよいので、たくさん練習しましょう。

5 » 書く練習のためのテーマ例

　小論文を書く練習のためのテーマ例とその参考図書を次に示しましたが、自分で資料を探して書いてもかまいません。73 頁の「参考文献の探し方」で紹介した方法で、他の資料も探してみましょう。

テーマ１　異常気象と地球温暖化
　　　小西雅子（2016）『地球温暖化は解決できるのか　パリ協定から未来へ！』岩波
　　　　ジュニア新書
テーマ２　日本の農業の将来
　　　大野和興（2004）『日本の農業を考える』岩波ジュニア新書
テーマ３　人と動物の共生
　　　岡田幹治（2013）『ミツバチ大量死は警告する』集英社新書
テーマ４　水産資源と日本の漁業
　　　勝川俊雄（2016）『魚が食べられなくなる日』小学館新書
テーマ５　携帯電話の使用
　　　川島隆太（2018）『スマホが学力を破壊する』集英社新書
テーマ６　自然環境の保護
　　　鷲谷いづみ（2011）『さとやま　生物多様性と生態系模様』岩波ジュニア新書
テーマ７　日本の食文化
　　　野瀬泰申（2017）『食は「県民性」では語れない』角川新書
テーマ８　ユニバーサルデザイン
　　　松森果林（2014）『音のない世界と音のある世界をつなぐ　ユニバーサルデザイ
　　　　ンで世界をかえたい！』岩波ジュニア新書

また、番号の付け方（漢数字なのか、算用数字か、「1、2、3……」の次の番号は「(1)(2)(3)……」なのか「①、②、③……」なのか）や、番号から何字下げて本文を書くかなど、細かく指示される場合があります。

> Check!　さあ、短い文章でよいので、たくさん練習しましょう。

5 » 書く練習のためのテーマ例

　小論文を書く練習のためのテーマ例とその参考図書を次に示しましたが、自分で資料を探して書いてもかまいません。73頁の「参考文献の探し方」で紹介した方法で、他の資料も探してみましょう。

テーマ1　異常気象と地球温暖化
　　　　小西雅子（2016）『地球温暖化は解決できるのか　パリ協定から未来へ！』岩波ジュニア新書
テーマ2　日本の農業の将来
　　　　大野和興（2004）『日本の農業を考える』岩波ジュニア新書
テーマ3　人と動物の共生
　　　　岡田幹治（2013）『ミツバチ大量死は警告する』集英社新書
テーマ4　水産資源と日本の漁業
　　　　勝川俊雄（2016）『魚が食べられなくなる日』小学館新書
テーマ5　携帯電話の使用
　　　　川島隆太（2018）『スマホが学力を破壊する』集英社新書
テーマ6　自然環境の保護
　　　　鷲谷いづみ（2011）『さとやま　生物多様性と生態系模様』岩波ジュニア新書
テーマ7　日本の食文化
　　　　野瀬泰申（2017）『食は「県民性」では語れない』角川新書
テーマ8　ユニバーサルデザイン
　　　　松森果林（2014）『音のない世界と音のある世界をつなぐ　ユニバーサルデザインで世界をかえたい！』岩波ジュニア新書

第IV章

資料編

1 文章のキーワード・要約

例　段落のキーワードを抜き出し、要約を書きましょう。

> マナーで変わる環境
>
> 　帰省して久しぶりに 駅前通り を歩いた。大学近くの駅に慣れたせいか、これまで気に留めていなかった二点が気になった。
>
> 　まず、駅前通りに 駐車違反 をしている車が五台もあった。駅前を通過する車は、駐車違反の車をよけて通ろうとするので、信号が変わっても通れずに渋滞していた。歩道に乗り上げている小型トラックも一台あり、ベビーカーを押した人が通れずに車道を歩く姿を見かけた。
>
> 　 ごみのポイ捨て が多く、空き缶とペットボトルも落ちていた。雨上がりだったので、ごみを踏んで少し滑ってしまった。排水溝の近くには落ち葉に混ざって煙草の吸殻までであった。
>
> 　駅前の 環境がよくない と感じた。これでは、小さな子どもや高齢者、また、視覚障害の人たちが安心して駅前を歩くことができない。どちらも歩く人に迷惑がかかる。安全に安心して歩くことのできる環境を取り戻すために、 地域の人がマナーを守る べきだ。

1　段落のキーワードを四角で囲みます。
　　※上の例ではすでに囲んであります。

2　キーワードをつなげて要約を書きます。下の例の（　　　）で囲んだ部分は、キーワード以外に付け加えた部分です。

要約例①（約50字）
　　　　駅前通り（は）駐車違反（や）ごみのポイ捨て（があり、）環境がよくない。地域の人がマナーを守る（べきだ。）

要約例②（約100字）
　　　　駅前通り（を久しぶりに歩いたら、）駐車違反（をしている車が多く、）ごみのポイ捨て（も目立った。）環境がよくない（ので、みんなが安心して歩くことができない。よい環境を取り戻すために、）地域の人がマナーを守る（べきだ。）

要約は、短く書くこともできるし、長く書くこともできます。指定された字数がある場合はその字数で書きます。長く書く方が多くの言葉を使えるので簡単です。できるだけ短い要約が書けるように練習しましょう。

（練習1）段落のキーワードを抜き出し、要約を書きましょう。

谷崎潤一郎は永井荷風と共に耽美派に位置づけされる作家である。

「痴人の愛」では、ナオミが譲治を頼りにしている「清純無垢な乙女」から譲治と対等な関係の「淫売のような女性」へと変容する。さらに後半では譲治を思いのままに操る「男を操る淫婦」へと変わる。

「細雪」では、はじめ雪子が社会背景から孤立して生きる特殊な立場の「古典的な女性」として描かれるが、論理的思考をし自分に納得のいくように生きる「近代的な女性」へと変貌する。四人姉妹の特に妙子との対比によって、この変化は明確に描かれる。

このように、人物像の変化に着目して読むことができる。主人公のはじめのイメージが作品の大きな流れの中で少しずつ変わり、やがてはじめとはまったく別の人物像が見出せる。

人物像の変化によって、主人公の人物像が厚みを帯びる。人間の内面の深層を発見することができるのである。

1　段落のキーワードを四角で囲みます。

2　キーワードをつなげて要約を書きます。
要約例①（約50字）

要約例②（約100字）

次は、寺田寅彦「津浪と人間」をリライト（目的に合わせて書き直す）した文章です。キーワードを四角で囲み、約120字で要約を書きましょう。

昭和八年（一九三三年）三月三日の早朝に東北の太平洋岸に津波が襲来した。明治二十九年（一八九六年）六月十五日に起こったいわゆる「三陸大津波」とほぼ同様な自然現象が、約三十七年後の今日再び繰り返されたのである。

たびたび繰り返される自然現象ならば、当該地方の住民は相当な対策を考えてこれに備え、災害を未然に防ぐことができていてもよさそうに思われる。それが実際はなかなかそうならない。

学者の立場からは次のように言われるらしい。「この地方に、数年あるいは数十年ごとに津波の起こるのは既定の事実である。それだけわかっていることなら、なぜ津波の前に間に合うように警告を与えてくれないのか。」すると、学者の方では「もう十年も二十年も前に警告を与えてあるのに、それに注意しないからいけない」という。これはどちらの言い分にも道理がある。

さて、個人が頼りにならないとすれば、政府の法令によって永久的の対策を設けることはできないものか。ところが、国は永続しても政府の役人は百年の後には必ず入れ替わっている。役人が変わる間には、法令も時々は変わる恐れがある。

災害記念碑を立てて永久的警告を残してはどうかという説もあるであろう。しかし、はじめは人目に付きやすいところに立ててあるのが、道路改修、市区改正等の行われるたびにうつされて、おしまいにはどこの山かげの竹やぶの中に埋もれないとも限らない。そうしてその碑蹟が八重葎に埋もれたころに、次の津波がそろそろ準備されるであろう。

こういう災害を防ぐには、人間の寿命を十倍か百倍に延ばすか、ただしは地震津波の周期を十分の一か百分の一に縮めるかすればよい。しかしそれができないとすれば、残る唯一の方法は人間が過去の記録を忘れないように努力するよりほかはないであろう。日本国民のこれら災害に関する科学知識の水準をずっと高めることができれば、その時にはじめて天災の予防が可能になるであろうと思われる。この水準を高めるには何よりもまず、普通教育で、もっと立ち入った地震津波の知識を授ける必要がある。

※寺田は「津浪」と書いていますが、リライトした文章では「津波」と表記しました。

※出典：池内了編（二〇〇〇）『科学と科学者のはなし 寺田寅彦エッセイ集』岩波少年文庫

88

1　段落のキーワードを四角で囲みます。

2　キーワードをつなげ、約120字で要約を書きましょう。

練習3 寺田寅彦「こわいものの征服」のリライトです。キーワードを四角で囲み、約120字で要約をノートに書きましょう。

私は子どもの時分から人並み以上の臆病者であったらしい。

子どもの時分に臆病な私の肝玉を脅かしたものの一つは雷鳴であった。郷里が山国で夏中は雷雨が非常に頻繁であり、またその音響も、東京などで近ごろ聞くのとは比較にならぬほど猛烈なものであったような気がする。そうしてその恐ろしさは、単に雷鳴が危険であるからという功利的な理由からよりも、むしろ超自然的な威力が空一面に暴れまわっているように感じられるためであった。中学校、高等学校で電気の学問を教わっても、この恐ろしさは抜けきらなかった。

しかし後に自分で電気に関するいろいろな「実験」を体験するようになってからは、こういう超自然的な感じはいつの間にかきれいに消えてしまった。もっとも、一つは年をとって神経が鈍くなったせいもあるかもしれないが、一つには自分が昔おどかされた雷の兄弟分と友達になって、毎日のように一緒に遊ぶことになったためと思われる。こうして雷鳴に対する神秘的な恐ろしさがなくなり、その恐ろしさの変形したものと思われる好奇心と興味はかえって増すばかりであった。それで雷鳴のするたびごとに空を眺めては、雲の形態や運動電光の形状、時間関係、雷鳴の音響の経過等を観察するのが無常の楽しみになってきた。そうした雷の現象に関する研究に興味を引かれて、その方面の文献を自然に渉猟するようになった。

同じように、地震もまた臆病な子どもの私をひどくおびえさせたものの一つである。両親が昔安政（一八五四年～六〇年）の地震に遭難した実話を、子どもの時分から聞かされていたことも、この畏怖の念を助長する効果はあったかもしれないのであるが、おそらく地震に対する恐怖は本能的なものであった。少なくも私の子どもの時分のそれは、超自然的なものであったに相違ないと思われるのである。

それはともかく、後日、理化学を修めるようになってからは、もう恐怖の感じはなくなってしまった。私の興味はやはり地震現象の研究という方に向かっていった。そうして自分でこの研究を手がけるようになってからは、地震だなと思うと、すぐに初期微動の長さを数え、主要動が始まれば、その方向や周期や振幅を確実に認識しようとする努力が先にたつ。そうしてその地震の強弱程度が直感的にかなり明瞭に感知されるから、たいていの場合には安心して落ち着いていられるのである。

つまり私は臆病であったおかげで、この臆病の根を絶やすことができたような気がする。

※出典：池内了編（二〇〇〇）『科学と科学者のはなし 寺田寅彦エッセイ集』岩波少年文庫

練習4 寺田寅彦「手首の問題」のリライトです。基本の文章構成を応用した構成で書かれています。キーワードを四角で囲み、約120字で要約を書きましょう。

バイオリンを弾いてよい音を出すのは難しい。下手な演奏者は無理に弓の毛を弦にこすりつけていやな音を出してしまうが、上手な演奏者は軽くあてがった弓を通じて弓と絃とを共鳴させ、絃が生み出す美しい音を引き出している。大事なのは弓を導く右手の手首の動きにある。演奏者の手首が柔らかくなければ、よい音は生まれない。

この、相手と共鳴させる「手首の柔らかさ」の問題は弦楽器に限らず、世の中のいろいろな場合にあてはまる。

科学の研究者が、自分の仮説に固執して実験の結果を見誤ったり、もっと重大な事実を見逃したりすると、誤った結論に陥る危険がある。研究者の「心の手首」を柔らかくして、実験の弓で自然の弦の妙音を引き出せばよい。科学者に無私無我の心がなければ、機微の現象を発見することは不可能である。

政治の為政者が行政機関を通じて国を統治するには、為政者が報国の念に燃えているだけでは充分でない。為政者が自分の考えに固執するのみで環境や民心を無視したのでは、到底その行政機関の円滑な運営は望まれない。弓となる行政を担う閣僚の方針が理想的でも、為政者の「手首」が堅すぎては民心の弦は決して妙音を発しない。

バイオリンにおける弓と弦との関係と同様に、科学における実験と自然、政治における行政と民心との関係で、二つが互いに共鳴するかどうかは「手首の問題」なのである。どの場合も、「手首」が堅くては、良い結果は得られない。

「手首」は自由に柔らかく、弾性的であることが必要なのである。弓となる自と絃とが一体となって共鳴し合うことによって最大の効果を上げ、自他二つながらの個性が発揚できる。だから、

※出典：寺田寅彦（二〇一五）『寺田寅彦　科学者とあたま』平凡社、二七-三八頁

P.8 練習1 ①あきら君 ②佐藤さん

練習2 ①救急車 → パトカー → バス → トラック

②

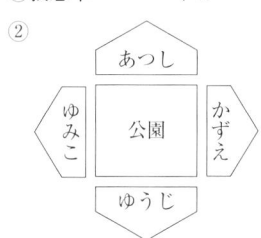

P.9 練習3 5人 ※23＋15＋7－40＝5

練習4 Bさん

※Aさんがなくしたとすると、AさんとCさんが嘘をついている。

Bさんがなくしたとすると、Bさんが嘘をついている。

Cさんがなくしたとすると、BさんとCさんが嘘をついている。

⇒「嘘をついているのは1人」という条件に合うのは、Bさんがなくした場合である。

練習5 解答例〈共通点〉

①ほ乳類である ②肺で呼吸する ③空を飛べない

〈相違点〉

①ネコはしっぽがあるが人間はない

②ネコはネズミを食べるが人間は食べない

③ネコは言葉を話さないが、人間は話す

P.10 練習1 論理／文学

練習2 ①B ②A

P.11 練習3 （方言）／山形／茨城／背景／（言葉はその土地の文化遺産）

P.14 練習1 イ

P.15 練習2 ①イ ②ア

P.16 練習1 経済

練習2 ①足首 ②膝 ③左 ④政治

P.17 練習3 B

練習4 A

P.18 練習1 ①クロワッサン ②マグロ ③カマンベール ④フェアレディZ

⑤ソメイヨシノ

P.19 練習2 ①食べ物 ②菓子 ③文房具 ④生物 ⑤芸術作品

練習3 解答例 ① 洋菓子 → ケーキ → チーズケーキ

② 遊び → 鬼ごっこ → 氷鬼

③ 生物 → 昆虫 → トンボ

練習4 解答例

生物 → 植物 → 被子植物 → リンゴ → ジョナゴールド

P.20 練習1 解答例　A　私は大学生だ。　　　B　母が怒る。
　　　　　　　　　　C　教室が静かだ。　　　D　犬がいる。
　　　練習2 ①主語（佐藤さんは）　　　述語（いますか）
　　　　　　②主語（オリンピックが）　述語（開かれる）
　　　　　　③主語（読むのは）　　　　述語（娯楽だ）
　　　　　　④主語（ライオンが）　　　述語（追いかける）
P.21 練習3 ①イ　②イ　③ア
P.22 練習1 ①子どものしつけは難しい。　②男の話は不思議だ。
　　　　　　③問題の解き方が変だ。　　　④先輩の体験談は魅力的だ。
　　　　　　⑤都会のひとり暮らしは危険だ。
P.23 練習2 ①B　②A
　　　練習3 ①アB　イA　　②アA　イB
P.24 練習1 　11年続いた応仁の乱の後、各地では争いが続いた。山城（京都府）南部では、守護大名畠山氏の軍が二派に分かれて戦いを始め、農民を苦しめたため、地侍と農民が手を組んで両方の軍を追い出した。その後、地侍を中心として国の決まりを作り、守護による支配を排除して8年間にわたる自治を行った。これを 山城国一揆 という。
　　　　　　　また、近畿・北陸・東海地方では、一向宗が急速に広まった。信仰によって結びつきを強めた地侍と農民たちは、ともに一揆を起こした。これを 一向一揆 という。加賀では、守護大名を倒して約100年間の自治を続けた。
P.25 練習2 　フナやカエル、トカゲは、まわりの温度が変化すると体温も変化する。このような動物を 変温動物 という。変温動物は、体内で熱を生み出すしくみが発達していない。カエルやヘビには、冬に気温が下がると活動をほぼ停止して冬眠するものが多い。
　　　　　　　ハトやネコは、まわりの温度が変化しても体温はほぼ一定に保たれる。このような動物を 恒温動物 という。恒温動物は、体内で熱を生み出すしくみが発達している。ハトの羽毛やネコの毛は、体温を保つことにも役立っている。
P.26 練習1 ②なか1（花だんの手入れ）　③なか2（そうじ用具の点検）
P.27 練習2 〈キーワード〉
　　　　　　①はじめ（ろうそくを燃やす実験）
　　　　　　②なか1（石灰水）
　　　　　　③なか2（気体検知管）
　　　　　　④まとめ（ろうそくが燃えると二酸化炭素ができる）
P.28 練習1 ①事実　②意見　③意見　④事実　⑤事実
　　　　　　⑥意見　⑦事実　⑧意見　⑨事実　⑩意見
P.29 練習2 解答例
　　　　　　①ジェットコースター、メリーゴーランド、お化け屋敷　など
　　　　　　②1日10時間勉強した／3日でノート3冊分勉強した　など
　　　　　　③5分の4が参加した／全員が二次会に参加した／次回の日程と幹事が決まった　など
　　　　　　④応援合戦で大合唱が起こった／終わってからみんなで先生を胴上げした　　など
　　　　　　⑤冬でも半袖のTシャツで過ごしている／高校まで一度も欠席がない／運動部を三つも掛け持ちしている　など
P.31 練習1 イ

練習2　カブトムシには足が6本ある。

練習3　①イ（切る道具）

　　　　②ア（さんずいのつく漢字／水に関係のある言葉）

　　　　③ア（昆虫）　イ（飛ばない動物）　※観点によって解答が異なる

P.42　練習1　鬼役の花子さんが汗びっしょりになって、逃げている明子さんを追いかけている。

P.43　練習2　鬼役の花子さんが、汗びっしょりになって逃げている明子さんを追いかけている。

　　　練習3　①下の文に○　②真ん中の文に○

　　　練習4　①生徒：慌てずに机の下に入り、机の脚を掴むように指示した。

　　　　　　　　先生：慌てずに、机の下に入り机の脚を掴むように指示した。

　　　　　　②前　：今日もいつものラーメン屋さんではなく、気分を変え、てまえの店に入ろう。

　　　　　　　　手前：今日もいつものラーメン屋さんではなく、気分を変えて、まえの店に入ろう。

　　　　　　③男の人：威勢のよい、魚屋の店先にいる男の人はだれだろう。

　　　　　　　　魚屋　：威勢のよい魚屋の、店先にいる男の人はだれだろう。

P.44　練習1　①〜と思う（〜だ／〜である）　②〜と考える（〜だ／〜である）

　　　　　　　③〜といえる（〜だ／〜である）

P.45　練習2　①条件　②事件（けが・喧嘩・事故など）　③素質

　　　練習3

	論文表現	口語表現		論文表現	口語表現
1	行う	**する**	11	〜せずに	〜しないで
2	用いる	使う	12	**より一層**	もっと
3	示す	見せる	13	**今後も**	これからも
4	異なる	**違う**	14	常に	**いつも**
5	見出す	見つける	15	いかなる	どんな
6	**述べる**	言う、書く	16	ゆえに、したがって	なので
7	あるいは	**または**	17	依然として	**ずっと、まだ**
8	およそ、約	**だいたい**	18	**次第に**	だんだんに
9	**双方とも、両方**	どちらも	19	**コンビニエンスストア**	コンビニ
10	**誤り**	間違い	20	**デジタルカメラ**	デジカメ

　　　練習4　①このような条件が**多く発見できた**（**見出せた**）。

　　　　　　②この研究から、前と**異なる**成果を**示すことが**できた。

　　　　　　③日本と外国との関係は、**次第に良好になってきている**と思う。

　　　　　　④**大多数の人**が、その催しには**多くの人の支援**が必要だと言っている。

P.51　練習1

	読	書	を	奨	励	し	て	い	る	学	校	が	増	え	た	。			
	読	書	を	奨	励	す	る	に	は	学	校	図	書	館	の	充	実	が	必
要	で	あ	る	。	「	図	書	館	だ	け	で	な	く	、	各	学	級	に	も
二	百	冊	程	度	あ	っ	て	子	ど	も	た	ち	が	読	ん	で	い	ま	す。」
と	語	る	の	は	、	茨	城	県	の	公	立	小	学	（	略	）			

練習2

小学校の校長をしている叔父が、「朝、「論理的思考を鍛えるドリル」の記事を見つけたよ」と、話し始めた。

P.54　練習1　D

P.55　練習2　2段落目の始まりは「鶴岡駅に着くと」

　　　　練習3　①イメージ　②リハーサル

P.63　練習1　①ア、エ　②イ、エ

P.67　練習1　キーワード：はじめ（方言）　なか1（津軽）　なか2（茨城）　まとめ（背景）

　　　　　　　　　　　　　むすび（言葉はその土地の文化遺産）

　　　　　　要約：（方言）には（津軽）の方言や、（茨城）の方言のように、それぞれの（背景）があり、（言葉はその土地の文化遺産）だといえる。

P.68　練習1　（夕方のウォーキング）は、（血行）がよくなり、一日のストレスを（リセット）する効果があるので、（リフレッシュ）できる。体も心も（健康な状態を保つ）ことができる。

P.69　練習2　解答例

　　　　　　紹介：　夕方のウォーキングの効果について、『歩いて健康』という本に分かりやすい説明があった。

　　　　　　要約：　赤城（二〇一六）は、夕方のウォーキングによって、血液循環がよくなり、一日のストレスをリセットする効果があるので、人がリフレッシュでき、体も

心も健康な状態を保つことができる（四五頁）と述べている。

経験：　確かに、私が夕方に犬の散歩を日課にしていたときには、歩いている間に気分転換ができ、その後ぐっすり眠れて調子がよかった。部活のバレーボールで疲れているのに、公園まで歩くことでリフレッシュできていた。

P.81　練習1　解答例（800字）

　　　　　　　方言を残す努力

　両親は鹿児島出身なので、外では共通語を話すが家では鹿児島の方言を使う。私も祖父母との電話では方言を使う。自分の経験と方言に関する資料を基に方言について考察する。

　「言葉は文化遺産」では、「日本各地の方言には、その言葉が成立した背景がある」（P.11）と述べられていた。方言の成立にはそれぞれの背景があり、その土地の気候や産業、言葉が伝わった歴史などが関係しているということだ。茨城の「だっぺ」は昔の京都地方を中心に使われていた「にてあるべし」が伝わる過程で「だるべい」「だんべい」「だっぺ」と変化した言葉だという。また、近隣の地域には「だべ」「だべ」など、形が少し異なる言い方がある。このような背景が分かると、方言とは単なる地元の特色のある言葉というだけでなく、日本の歴史や文化、その流通と深く関わっていることが分かる。

　また、沖縄県の「『しまくとぅば（沖縄の言葉）』についての調査」（2014）では、若い年齢の人が方言を理解している割合が低く、挨拶程度でしか使わないという人が半数以上という現状が報告されている。その一方で、8割の人が方言に親しみがあり、7割の人がある程度分かるという結果も出ており、人々が方言に親しんでいることも分かる。このことから、方言は、実際には使っていなくても心の中で大切にされているものであるといえる。鹿児島を離れて30年近く経つ両親や、その子どもである私がいまだに鹿児島の方言を使っているのも頷ける。

　方言は、その地域の文化遺産であり、その言葉を使う人の生活と関わっている。また、その土地の人にとって故郷と同じ意味合いをもっている。

　方言が残るということは、土地の文化が継承されるということだ。テレビやSNSの影響などで若者の共通語化が進んでいると聞くが、文化としての方言を残す努力が必要である。

P.87　練習1　1　谷崎潤一郎／「痴人の愛」／「細雪」／人物像の変化／内面の深層を発見

　　　　　　2　解答例（約50字）

谷崎潤一郎の作品「痴人の愛」や「細雪」の人物像の変化をたどると、内面の深層を発見することができる。

　　　　解答例（約100字）

谷崎潤一郎の作品では、「痴人の愛」のナオミや「細雪」の雪子のように、はじめと終わりで主人公の人物像の変化が見られる。変化によって主人公の人物像が厚みを帯び、人間の内面の深層を発見することができる。

P.88　練習2　1　津波／対策／学者／罹災者（住民）／警告／政府の法令／災害記念碑／地震津波の知識

　　　　　　2　解答例（約120字）

津波の対策として、学者が警告しても、何十年も後なので住民は覚えていられない。政府の法令も変わり、災害記念碑もどこかに埋もれて永久的対策とならない。人間が

過去の記憶を忘れず天災の予防ができるように普通教育で地震津波の知識を授ける必要がある。

P.90　練習3　解答例（約120字）

　私は子どもの頃 臆病者 で 雷鳴 が怖かったが、その恐ろしさが好奇心と興味になり、雷の現象に関する研究 を進めるようになった。地震 も同様に怖かったが、地震現象の研究 によって恐怖がなくなった。臆病であったために、臆病の根を絶やすことができた 。

P.91　練習4　解答例（約120字）

　バイオリン に限らず、「手首の柔らかさ」 の問題はいろいろな場合にあてはまる。研究者 や 為政者 の場合も、その 「手首」 が堅くては、良い結果は得られない 。自他の個性を発揚するためには、間をつなぐ 「手首」 は自由に柔らかく、弾性的であることが必要 である。

3 大学時代に読んでほしい本

POINT 論理的文章の読み方・書き方について、以下の本が参考になります。

1 清水幾太郎（1959）『論文の書き方』岩波新書

社会学者であった著者が、自身の文筆生活の経験を基に綴った論文の基本的なルールが記されている。論文を「知的散文」と呼び、芸術的効果をねらった小説や随筆とは明瞭に区別しなければならない、との見識が優れている。

2 沢田允茂（1962）『現代論理学入門』岩波新書

アリストテレス以来の論理学の流れを踏まえ、現代論理学の全体像を平易な言葉で記した入門書である。「論理のやる仕事は情報の処理」と明言し、論理学を、現実の私たちの生活と密接に関連するものとして活用することの重要性を説いている。

3 木下是雄『理科系の作文技術』（1981）中公新書

物理学者である著者が、論文執筆に困っている理科系の若手研究者や学生のために著した本である。「文章の組み立て」「事実と意見」等の項目を柱に、簡潔で誤解のない論理的文章の作文技術を紹介しており、現在でも多くの大学で教科書として使われている。

4 木下是雄（1994）『レポートの組み立て方』ちくま学芸文庫

『理科系の作文技術』で好評を博した著者が、世論の求めに応じて文化系のレポートの書き方をまとめた本である。根拠としての事実の重要性、文化系の学問における「事実」とは何か、また文献の探し方や記述の仕方等が分かりやすく説明されている。

5 木下是雄（2009）『日本語の思考法』中公文庫

日本とアメリカにおける国語教育の内容の違いに衝撃を受け、著者が言語技術教育を推進するに至った経緯が述べられている。また、日本語で思考することの長所・短所を明らかにし、受信型教育から発信型教育への提案も行っている。

6 田中潔（1994）『手ぎわよい科学論文の仕上げ方　第2版』共立出版

『科学論文の書き方』（1929、田中善麿・田中潔、裳華房）をベースに、『実用的な科学論文の書き方』（1983、田中潔、裳華房）を経て、本著に至った。基本を保ちつつ、部分的に時代の変化に応じて修正されている。巻末の「（付）初心者べからず集」が参考になる。

7　外山滋比古（1986）『思考の整理学』ちくま文庫

受動的な「It seems to me（思われる）」から主体的な「I think（考える）」へ向かうための「思考の整理」の過程を、身近な日常の出来事を例に、平明で論理的な日本語で綴っている。初版から30年以上たった現在でも、大学生の必読書として広く読まれている。

8　外山滋比古（2016）『ものの見方、考え方』PHP文庫

日本社会を「明治以来、模倣をこととし、知識をふやすのに目の色を変えてきた社会」と述べ、それを脱する「発信型思考」の重要性を説いている。そのためには「ものがうまくわからないような頭脳」が有望だ、等の著者の逆説的な発想の転換が興味深い。

9　池上彰（2007）『伝える力』PHPビジネス新書

現代人に必須の能力である「伝える力」をどう磨き、どう高めていったらよいかについて、「話す」ことと「書く」ことの両面から具体的に説明している。社会に出てすぐに役立つ内容が、分かりやすく書かれている。

10　市毛勝雄編（2009）『新国語科の重点指導　第1巻　論理的思考力の育て方〈重点指導項目20〉』明治図書出版

世界情勢の急激な変化に対応するには、論理的思考力・表現力が重要だとの考えに基づき、「論理的思考」の育成に必要な重点項目を、「名付け」「具体と抽象」等の20に整理して示している。高度な内容を簡単な練習問題で理解できるように工夫されている。

11　長谷川祥子（2012）『中学校新国語科　系統的指導で論理的思考力＆表現力を鍛える授業アイデア24』明治図書出版

「論理的思考」の歴史的変遷と、論理的文章の読み方・書き方が示され、理論と実践の両面から「論理的思考力・表現力」を学ぶことができる。特に、演繹論理から帰納論理への変遷の過程が詳述されており、「論理」の本質を基礎から学ぶことができる。

12　難波博孝（2018）『ナンバ先生のやさしくわかる論理の授業―国語科で論理力を育てる―』明治図書出版

平成29年版学習指導要領の国語科で「情報の扱い方」、「情報と情報との関係」が重視されたことを受け、「論理」を国語科で指導するという視点で書かれている。「論理」を日常生活に密着した身近な手段としてとらえ、その特質と指導法を分かりやすく説明している。

13　小笠原喜康、片岡則夫（2019）『中高生からの論文入門』講談社現代新書

「論文とは何か」から始まり、論文を書くための基本的な手順が説明してある。特に後半の「論文資料の集め方」「論文作成のルール」は引用の仕方や参考文献の示し方が具体的で分かりやすい。「中高生からの」とあるが、大学生や社会人にも役立つ本である。

4

参考文献

【あ行】

『新しい国語表記ハンドブック　第八版』（2018）三省堂

アメリカ心理学会（APA）（前田樹海、江藤裕之、田中建彦訳）（2011）『APA（American Psychological Association）論文作成マニュアル　第2版』医学書院

池内了編（2000）『科学と科学者のはなし　寺田寅彦エッセイ集』岩波少年文庫

市毛勝雄（1984）『主題認識の構造』明治図書出版

市毛勝雄（1995）『市毛勝雄著作集　第5巻　作文の授業改革論』明治図書出版

市毛勝雄編（2002）『『国語教育』スペシャル版　論理的思考力を育てるドリル　第1集』明治図書出版

市毛勝雄編（2002）『『国語教育』スペシャル版　論理的思考力を育てるドリル　第2集』明治図書出版

市毛勝雄編（2009）『新国語科の重点指導　第1巻　論理的思考力の育て方〈重点指導項目20〉』明治図書出版

市毛勝雄（2010）『DVD付授業マニュアル　小論文の書き方指導　4時間の授業で「導入」から「評価」まで』明治図書出版

井上史雄、木部暢子編著（2016）『はじめて学ぶ方言学―ことばの多様性をとらえる28章―』ミネルヴァ書房

大野和興（2004）『日本の農業を考える』岩波ジュニア新書

岡田幹治（2013）『ミツバチ大量死は警告する』集英社新書

岡本夏木（2005）『幼児期』岩波新書

小笠原喜康（2018）『最新版　大学生のためのレポート・論文術』講談社現代新書

【か行】

勝川俊雄（2016）『魚が食べられなくなる日』小学館新書

川島隆太（2018）『スマホが学力を破壊する』集英社新書

木下是雄（1994）『レポートの組み立て方』ちくま学芸文庫

木部暢子他（2011）「危機的な状況にある言語・方言の実態に関する調査研究事業　報告書」大学共同利用機関法人人間文化研究機構　国立国語研究所
http://www.bunka.go.jp/seisaku/kokugo_nihongo/kokugo_shisaku/kikigengo/jittaichosa/pdf/kikigengo_kenkyu.pdf

Google Scholar（グーグルスカラー）　　https://scholar.google.co.jp

国語教育研究所編（1988）『国語教育研究大辞典』明治図書出版

国立国会図書館　　http://iss.ndl.go.jp

小西雅子（2016）『地球温暖化は解決できるのか　パリ協定から未来へ！』岩波ジュニア新書

【さ行】

CiNii（サイニー）Articles（国立情報学研究所）　　https://ci.nii.ac.jp

佐渡島紗織、坂本麻裕子、大野真澄編著（2015）『レポート・論文をさらによくする「書き直し」ガイド』大修館書店

篠原京子（2000.8）「作文指導法の研究：論理的思考力・表現力の育成」『全国大学国語教育学会発表要旨集』No.98、pp.22-25

　　　http://ci.nii.ac.jp/na id/110006369289（2018.11.3 入手）

篠原京子（2017）「言語活動から言語技術へ」『言語技術教育』27 号、pp.24-27

篠原京子、増田泉（2019）『保育者をめざす人のためのことばの表現　話す・聞く・書く』建帛社

「しまくとぅば県民運動推進事業　県民意識調査報告書」（2014）沖縄県

　　　https://www.pref.okinawa.jp/site/bunka-sports/bunka/shinko/simakutuba/documents/
　　　kennminnisikityousah25.pdf

『小学百科大事典　きっずジャポニカ　新版』（2013）小学館

『小学校学習指導要領（平成 29 年告示）解説　国語編』（2017）

【た行】

寺田寅彦（2015）『寺田寅彦　科学者とあたま』平凡社

【な行】

二通信子他（2009）『留学生と日本人学生のためのレポート・論文表現ハンドブック』東京大学出版会

野瀬泰申（2017）『食は「県民性」では語れない』角川新書

【は行】

長谷川祥子編著（2018）『はじめて学ぶ人のための国語科教育学概説　小学校』明治図書出版

【ま行】

増田泉（2018.5）「表現の特徴を一点にしぼって確認する」『教育科学　国語教育』No.821、pp.76-79

松森果林（2014）『音のない世界と音のある世界をつなぐ　ユニバーサルデザインで世界をかえたい！』岩波ジュニア新書

【わ行】

鷲谷いづみ（2011）『さとやま　生物多様性と生態系模様』岩波ジュニア新書

【著者紹介】

増田　泉（ますだ　いずみ）

新島学園短期大学コミュニティ子ども学科講師

教育学修士。日本言語技術教育学会理事。元東京都指導教諭。1都2県での教育現場における実践を基に、分かりやすく身につく国語教育を目指している。主な著作に、『はじめて学ぶ人のための国語科教育学概説　小学校』（明治図書出版、分担執筆）、『保育者をめざす人のためのことばの表現』（建帛社、共著）他

篠原　京子（しのはら　きょうこ）

常葉大学保育学部保育学科准教授

教育学修士。日本言語技術教育学会理事、日本教育技術学会理事。公立小中学校での32年間にわたる経験をベースとして、実践的で社会に出て役立つ国語教育を目指している。主な著作に、『はじめて学ぶ人のための国語科教育学概説　小学校』（明治図書出版、分担執筆）、『保育者をめざす人のためのことばの表現』（建帛社、共著）他

大学生のための国語表現

2019（令和元）年5月24日　初版第1刷発行

著　者：増田 泉　篠原 京子
発行者：錦織 圭之介
発行所：株式会社東洋館出版社
　　　　〒113-0021　東京都文京区本駒込5丁目16番7号
　　　　営業部　電話03-3823-9206　FAX03-3823-9208
　　　　編集部　電話03-3823-9207　FAX03-3823-9209
　　　　振　替　00180-7-96823
　　　　ＵＲＬ　http://www.toyokan.co.jp

印刷・製本：藤原印刷株式会社
本文デザイン：竹内 宏和（藤原印刷株式会社）
装丁デザイン：宮澤 新一（藤原印刷株式会社）

ISBN978-4-491-03704-2
Printed in Japan